普拉提

核心功能解剖学

核心稳定性高效训练图解

[美] 埃文·奥沙 (Evan Osar)
麦瑞李·巴萨德 (Marylee Bussard) 著

张猛 译

人民邮电出版社

北京

图书在版编目（CIP）数据

普拉提核心功能解剖学：核心稳定性高效训练图解 / （美）埃文·奥沙（Evan Osar），（美）麦瑞李·巴萨德（Marylee Bussard）著；张猛译. -- 北京：人民邮电出版社，2017.12
ISBN 978-7-115-46676-1

Ⅰ. ①普… Ⅱ. ①埃… ②麦… ③张… Ⅲ. ①健身运动—运动解剖 Ⅳ. ①G804.4

中国版本图书馆CIP数据核字(2017)第199311号

版权声明

免责声明

本书内容旨在为大众提供有用的信息。所有材料（包括文本、图形和图像）仅供参考，不能用于对特定疾病或症状的医疗诊断、建议或治疗。所有读者在针对任何一般性或特定的健康问题开始某项锻炼之前，均应向专业的医疗保健机构或医生进行咨询。作者和出版商都已尽可能确保本书技术上的准确性以及合理性，且并不特别推崇任何治疗方法、方案、建议或本书中的其他信息，并特别声明，不会承担由于使用本出版物中的材料而遭受的任何损伤所直接或间接产生的与个人或团体相关的一切责任、损失或风险。

内 容 提 要

本书是深入了解普拉提运动、掌握普拉提训练方法的指导书。全书从介绍普拉提 6 大原则、了解功能性核心、发展核心稳定性以及核心功能性失调等6个方面，图文并茂、全面系统地讲解了安全有效的普拉提训练项目。书中使用人体肌肉解剖图和普拉提动作练习实拍图，为读者直观展现普拉提的运动原理以及对人体肌肉、骨骼、神经系统所产生的积极影响。本书是普拉提专业人士及普拉提爱好者不可多得的参考书。

◆ 著　　　[美] 埃文·奥沙（Evan Osar）
　　　　　　麦瑞李·巴萨德（Marylee Bussard）
　　译　　　张　猛
　　责任编辑　寇佳音
　　责任印制　周昇亮
◆ 人民邮电出版社出版发行　　北京市丰台区成寿寺路 11 号
　　邮编　100164　电子邮件　315@ptpress.com.cn
　　网址　https://www.ptpress.com.cn
　　涿州市般润文化传播有限公司印刷
◆ 开本：700×1000　1/16
　　印张：10.75　　　　　　　　2017 年 12 月第 1 版
　　字数：182 千字　　　　　　2025 年 8 月河北第 18 次印刷
　　　　　著作权合同登记号　图字：01-2016-1240 号

定价：68.00 元
读者服务热线：(010)81055296　印装质量热线：(010)81055316
反盗版热线：(010)81055315

目 录

致谢 ……………………………………………………… 5

缩写 ……………………………………………………… 7

1 **普拉提原则介绍** ……………………………………… 9

  遗失的肌肉运动意识智慧 ……………………………… 10

  21 世纪的普拉提 ……………………………………… 12

  普拉提 6 大原则（重新阐释）………………………… 13

  来自筋膜和大脑研究的其他启示 ……………………… 17

2 **功能性核心：胸盆间筒状区的角色** ………………… 19

  神经系统 ………………………………………………… 20

  骨韧带系统 ……………………………………………… 24

  肌筋膜（肌肉＋筋膜）系统 …………………………… 29

  小结 ……………………………………………………… 47

3 **发展核心稳定性** ……………………………………… 49

  稳定性的定义 …………………………………………… 50

  发展高效的核心稳定策略 ……………………………… 54

  重新训练理想的呼吸策略 ……………………………… 66

  腰大肌 …………………………………………………… 86

  小结 ……………………………………………………… 91

4 **核心功能失调** ………………………………………… 93

  神经发育 ………………………………………………… 94

  创伤 ……………………………………………………… 98

  习惯 ……………………………………………………… 104

  小结 ……………………………………………………… 110

5 **对不理想的核心稳定策略的反应** …………………… 111

  对自主神经系统的影响 ………………………………… 111

  对姿势和深层肌筋膜系统的影响 ……………………… 113

  缺乏理想控制时的代偿策略 …………………………… 116

  紧缩 ……………………………………………………… 119

  紧缩策略的短期和长期影响 …………………………… 134

  小结 ……………………………………………………… 137

6 **将普拉提原则融会贯通** ……………………………… 139

  普拉提动力核心的运动感觉标志 ……………………… 140

  建立运动意识的指导方法 ……………………………… 143

  发现运动时感觉有困难的区域 ………………………… 145

  探索运动感觉标记的锻炼 ……………………………… 148

术语表 …………………………………………………… 167

参考文献 ………………………………………………… 170

献给我们所有的患者和学员：本书中提出的训练策略是我们共同努力的结果，这得益于你们的真诚和信任。感谢你们与我们同行，感谢你们给了我们为你们服务的机会。

致谢

我要感谢出版人，Lotus Publishing 的乔恩·哈钦斯（Jon Hutchings），为我提供了与麦瑞李合作撰写本书的机会和创作自由。乔恩是行业内最友好、最有耐心的人士之一，可能也是一位作者能够遇到的最好的出版人。

特别感谢康复行业和健身行业所有对我的职业生涯有过影响的卓越领导者们。这个丰富的名单包括但不限于保罗·霍奇斯（Paul Hodges）、韦德梅尔·简达（Vladimir Janda）、古德林·朱尔（Gwendolyn Jull）、帕维尔·克莱尔（Pavel Kolář）、戴安·李（Diane Lee）、琳达·乔伊·李（Linda Joy Lee）、卡尔·李微特（Karel Lewit）、雪利·沙曼（Shirley Sahrmann）。在本书中可以看到他们对我的影响。

当然，运动产业的先驱之一，约瑟夫·普拉提（Joseph Pilates）值得特别一提。在我开始研究本书时，我被自己现在核心调整方面的概念与当初普拉提教学时采用概念的重叠之多而惊呆了。我希望本书建立在他的概念之上，成为行业内的一份有价值的资源。

最后，感谢我美丽的妻子简妮丝（Jenice）：你每天都让我有力量成为最好的自己，充满信心、谦虚正直地工作。因为你成为我生命的一部分，我每天都得到祝福。这个世界因为你的存在而更加美好。

摄影师：乔恩·伊廷格（Jon Eatinger）
照片来源：弗雷德·米勒（Fred Miller）、皮埃尔·卡梅隆（Pierre Cameron）
模特：麦瑞李·巴萨德、埃伦·拉特恩（Ellen Letten）、玛西·施莱辛格（Marcy Schlessinger）、伊凡·奥萨（Evan Osar）、梅丽莎·波什（Melissa Posh）、娜塔丽·罗斯戈倍（Natalie Rothgreb）、A.J. 泰勒·范得普（A.J. Taylor-Vanderpool）

埃文·奥沙

　　我要感谢所有出色的形体教练和给予我灵感的人，尤其是埃文·奥沙、汤姆·梅尔斯（Tom Myers）、卢·本森（Lou Benson）、安德鲁·曼尼诺（Andrew Mannino）、拉里·菲利普（Larry Phipps）、凯利·查得维克（Kelly Chadwick）、詹姆斯·厄尔斯（James Earls）、罗伯特·施利普（Robert Schliep）、蒂沃·穆勒（Divo Muller）、道格（Doug）和阿莉西亚·扎布罗基（Alicia Zabrocki）、雪利·沙曼、艾达·拉尔夫（Ida Rolf）、简尼特·特拉维尔（Janet Travell）、卡伦·克里平格尔（Karen Clippinger）、克雷·库克（Gray Cook）、艾瑞克·富兰克林（Eric Franklin）、布朗丁·卡拉伊斯哲曼（Blandine CalaisGermain）、米歇尔·伊斯特伍德（Michael Eastwood）、安奈特·巴尼尔（Anat Baniel）。

　　特别感谢我在 Chaturanga Fitness 公司的全体同事、学员、顾问，你们一直在这条路上支持我，给我非常多的指导！尤其要感谢劳拉·科伊（Laura Coe），她让我知道，锻造深层核心不仅是一门针对身体的课程，还是针对工作和人生的课程。

　　最后，我要深深地感谢我的祖母、母亲、姨妈洛蕾塔（Loretta）一直以来的陪伴；感谢我的大姐蒂芙尼（Tiffany），她是第一个告诉我这种锻炼叫作普拉提的人；感谢我亲爱的家人、我挚爱的克里斯（Chris）和杰克·斯穆特（Jake Smoot）。克里斯，你让我的生活更均衡、更明朗，就像你在工作中修复了供水系统一样。感谢你将一切变为可能。

麦瑞李·巴萨德

缩写

ANS	自主神经系统
ASIS	髂前上棘
BAS	呼吸激活策略
CNS	中枢神经系统
DMS	深层肌筋膜系统
FAI	股髋撞击综合征
GERD	胃食管反流病
GI	胃肠道
HIIT	高强度间歇训练
IAP	腹内压力
ITB	髂胫束
KI	运动智能
PMA	普拉提方法协会
PNS	外周神经系统（也可代表副交感神经系统）
SIJ	骶髂关节
SMFR	自我肌筋膜放松术
SMS	表层肌筋膜系统
SNS	体神经系统
TFL	阔筋膜张肌
TL	胸腰部
TLJ	胸腰部连接处
TPC	胸盆间筒状区
TVA	腹横肌

普拉提原则介绍　1

"为什么在夸耀这个时代的科学和发明创造出众多奇迹时，最后却发现，在追逐物质进步和完美的过程中，完全忽视了所有造物中最复杂、最神奇的是人类自身！"

J.H. 普拉提，《你的健康》，1934

在写下上述文字时，约瑟夫·普拉提正好54岁。在大萧条高潮时期，他正住在纽约，因为在两次世界大战之间短暂的和平间隙，他已经离开了故乡欧洲。他的生活对应着当时探索和发明对文明进行改变的不均匀节奏，那个年代的探索和发明有汽车、飞机、彩色照相、有声电影、广播、电视、盘尼西林以及相对论等。面对20世纪早期所有这些快速而剧烈的变化，普拉提几乎无法想象，人类的"精彩奇迹"即将来临。但在今天的互联网时代，约瑟夫·普拉提对"回归身体"——"所有造物中最复杂、最神奇的"——的呼吁回响了几十年，与人们的生活的关联越来越密切。普拉提写到，如果我们失去了与自己身体的联系，那么所有成就又有什么可夸耀的呢？人的身体是有机且具备适应性的，已经因为我们工作环境和家庭环境的变化而改变，还会因为我们所采用的技术而改变。图1.1很好地表现了人类从灵长类进化成直立行走的原始人再到早期猎人、一直到伏案工作的现代人的发展趋势。换句话讲，人体是我们"追逐物质进步和完美"过程的副产品，糟糕的是，貌似很多人的脊柱形状是由椅子塑造而成的。

面对文明不可阻挡的历史性大踏步"前进"，约瑟夫·普拉提停了下来——带着自己用轮椅、床架、啤酒桶组装的奇怪设备——让人性重新焕发光芒，与我们今天对他工作的发扬光大一样。作为体操运动员和理疗师的儿子，普拉提提出了身体寿命模型，可以让现代人与自己身体的自然本能重新建立联系。据说普拉提小时候花大量的时间在森林里观察动物。流浪猫的动作为他提供了灵感，在他的思想中早早播下了现在称为"普拉提"运动的种子。

图 1.1　进化历程：灵长类——直立行走——早期猎人——伏案工作的现代人

　　最后，他带着这些观察中的收获，跨越大西洋，并用它们帮助在纽约定居的人们克服糟糕的身体状态。他对"残酷的训练方案"和"为了锻炼而锻炼"提出批评，这两种方法被人们普遍认为是获得身体健康的途径，而在普拉提眼里，这些做法违背了科学原则和功能性原则。他指责成人的误导抑制了孩子们与生俱来的身体智慧的发展，"孩子们的身心平衡被打破，甚至永远达不到平衡"。背部疼痛成为全球性功能障碍的首要原因，既会降低劳动效率，也使各个年龄段无数本该享受人生的人们无法享受人生。这也许并非巧合。

　　普拉提写下上述这些话时，我（作者之一，麦瑞李）的祖母还是个生活在纽约的小女孩。两代人以后，我无助地看着一次次失败的背部手术侵蚀着她的生命力。尽管各种技术都承诺让世界连接更紧密、让生活质量更好，但在过去的一个世纪里，并没有出现可以降低衰老和生活方式引起的脊柱疾病发病率的快速治疗设备或创新。普遍观点是，这类退行性病变在衰老过程中不可避免，但我想普拉提并不这么认为。如果每个人都能找到一种方法，将普拉提观察到的人们儿童时代被抑制以致最终失去的天分恢复回来，则我们可以改写自己在 21 世纪的结局，终生保持活力且免受疼痛之苦。

遗失的肌肉运动意识智慧

　　众所周知，锻炼这件事没法外包；换句话讲，没人能替你锻炼。我们再加一条，就是不能"排除"真正的功能性锻炼。今天，许多锻炼项目只关注速度和强度，幻想能用更少的训练获得更大的收益。同普拉提在20世纪初描述的"残酷的训练方案"一样，对于普通人来说，这类训练没有训练到敏锐性、精确性、好奇心和意识——所有这些原则都能唤醒乔所说的"与生俱来的身体智慧"。

幸运的是，越来越多的私人教练、理疗师、肢体康复师开始认识到运动意识的重要性。所谓运动意识，指的是身体的运动机制、人体内"保持当下"的能力，以及感觉的敏锐性。没有运动感觉智能，人类就会失去与身体的联系，就会遗漏生命舞步。许多人都忽视了人体每天对调整、拉伸、伸展等活动发出的无数请求，从而导致人体越来越容易出现僵硬、疼痛、损伤以及退行性病变。科学正在开始支持这个概念：注意力的质量能够影响身体所有系统：神经、循环、呼吸、内脏、心理情绪、能量以及肌筋膜。放慢速度、集中注意力，就能唤醒运动意识（至少应该会唤醒），这是康复过程的核心。

好消息是，整体性的健身项目，例如瑜伽和普拉提，现在非常普及。从醒悟的婴儿潮一代（曾经在20世纪80年代和90年代受"没有付出就没有收获"的健身理念影响，导致使用过度造成的损害）到大学校队、专业运动队，凡是需要可持续的锻炼策略的人，都在向我们求助。这个增长趋势预示着一种转变，不仅是训练性质和内容的转变，还有锻炼本身作为保健领域不可分割一部分的重要作用的变化。随着老龄化人群的增加，与生活方式有关的疾病，例如糖尿病、心脏病、骨质疏松等疾病的增加，普通人也需要明确锻炼选择，培育功能力量和意识，而不是选择那些消耗性的项目以及不现实的目标。

普拉提导师的独特定位就是引领整体健康的这一变革。不论采用的普拉提训练是"经典的"还是"渐进的"，普拉提从核心上已经成为一个纠正性的锻炼项目，从设计和思想上就是为了让现代人恢复更理想的体态和更高效的动作模式。尤其在过去15年里，不同训练背景的参与者，包括舞蹈、体操、瑜伽、费登奎斯、手工治疗、私教、运动医疗以及理疗，都给约瑟夫·普拉提的成果增加了新的维度。本书将来自不同领域的思想集中在一起，以保证这个有一世纪之久的项目像在普拉提时代一样与今天的情况密切相关而且有益。我们还希望普拉提教练和爱好者们更好地理解人类是"复杂而神奇的……造物"。这里介绍的思想可能有助于你去实践普拉提当年的希望，激活身体、心理、精神，唤醒你的真实本性。

21 世纪的普拉提

虽然今天普拉提的练法和教法有丰富的多样性，但源于约瑟夫·普拉提著作的 6 大原则得到了广泛承认，并在普拉提社群中作为这个锻炼系统的定义性特征（图 1.2）。这 6 大原则是：轴心、专注、控制、精确、呼吸、流畅。下面从现代的角度来研究普拉提的 6 大原则。具体来讲，我们要研究两个动态研究领域（神经可塑性和筋膜）中最近涌现的原则是如何巩固并完善这些最基本的原则的。

神经可塑性是大脑通过发展新的神经连接重新组织自己的能力。曾经认为，大脑的变化能力在一定年龄之后就有限，但最近几年的发现表明，大脑终生都在学习和变化。我们可以利用大脑的可塑性创造自己在生活中希望看到的变化，包括在身体上所希望看到的变化。

神经可塑性表明，练习普拉提不仅是通过练习优雅的舞蹈强化和拉长身体的肌肉，普拉提还可以作为工具来创造充满活力的大脑。就像是神经系统的食物一样，好奇和专注的心态会吸引新的神经活动。感觉神经像鱼一样在注意力召唤的领域游弋。在普拉提课程中，这意味着在运动感觉的海洋中"游弋"以及给大脑重新布线。

在我们的运动和指导中保持好玩、有趣、有探索性，能够培养更好的心理和生理敏捷性。在运用新的技能、掌握微妙的变化时，我们会发现、关注、尝试和失败、适应和再度尝试。在整个过程中，功能得到提高，不一定是因为我们希望它提高，而是因为身体发现了自己以前不知道的更高效的方法。按照这个逻辑，普拉提不仅是精确的锻炼，还是探索和调整锻炼，从而为身体创造新的选择。

筋膜指的是身体中的结缔组织，包括黏滞、坚韧交替的纤维以及精密的网状矩阵，体内的一切都在这个网阵中流动。以前仅将筋膜视为细胞和器官的"包装材料"，现在的理解则认为筋膜参与的功能要多得多。因为筋膜里密布机械感受器，所以筋膜功能还包括感觉以及适应施加在身体上的机械力。例如，凡是有持续负荷的地方，筋膜都会重新组织自己，变厚以响应施加给自己的更多需求。多数运动损伤都与结缔组织（筋膜）有关，而与肌肉或骨骼无关。越来越多的运动团队开始加入提高筋膜弹性和恢复力的锻炼（与普拉提和瑜伽类似）。

接下来，要讨论筋膜训练和筋膜损伤预防的一个重要的知觉维度。

运动神经肌筋膜系统

实际上，大脑 / 神经系统以及肌肉和筋膜系统相互之间紧密交织。筋膜健康这一锻炼领域发展的先驱们

［罗伯特·施利普（Robert Schliep）、蒂沃·穆勒（Divo Muller）和汤姆·梅尔斯］，以及研究通过运动和锻炼改善大脑功能的专家们［例如奈特·巴尼尔，他是莫西·费尔登克莱斯（Moshe Feldenkrais）的学生，专门治疗有发展和认知损伤的成人和儿童］，在现在称为神经肌筋膜系统的许多方面，提出了许多有科学依据的改善功能的观点。下一节将研究这些发现对普拉提实践有何改变。

普拉提 6 大原则（重新阐释）

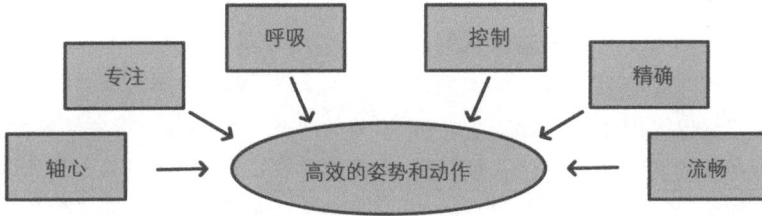

图 1.2　普拉提 6 大原则（重新阐释）

1. 轴心

轴心原则是普拉提的定义性特征。这个原则反映了约瑟夫·普拉提这样一种理解：所有动作都从中心开始。身体中心位于骶骨前方，大约在肚脐下三指宽（在中国武术中，称为下丹田）。在日常活动中，这个轴心会随着我们背包、使用手臂和双腿去够什么东西或保持平衡而发生变化。核心稳定性让我们能够优雅而高效地协调这些变化的动作。

普拉提方法协会（PMA）最近新提出了两个增补普拉提原则，也可以认为是轴心原则的延伸：整体动作和平衡的肌肉发展。

整体动作

普拉提的动作系统是全身性的锻炼项目，非常强调整体的调整。这是让普拉提自然而然地成为探索筋膜健身概念时采用的方法的特征之一。动态的、整体运动和拉伸是普拉提锻炼不可分割的部分，与传统的拉伸和负重训练只注重单一肌肉不同。筋膜式的锻炼方法，侧重于采用功能性功能、更直观的方式拉伸和训练肌肉的长肌筋膜链条，就像动物的移动和拉伸一样。

平衡的肌肉发展

轴心不仅仅是在功能上协调身体的近端和远端结构，我们还可以认为它实现了深层组织和表层组织（即关节的近端和远端）之间的功能平衡。本书后面将讨论局部（深层）稳定肌肉被抑制、整体（表层）肌肉过于活跃或采用外撑策略时会发生什么情况。在监督下做普拉提锻炼可以很好地发现和纠正这些模式，本书也会介绍具体方法。

2. 专注

专注是我们在普拉提课程中培育的心态。约瑟夫·普拉提坚持认为，做他的锻炼时要有目的性（用他的话讲，与"仅仅完成动作"相对）。如果心不在焉地实践他的方法，就像做另一套健美操练习一样，不仅会彻底失去普拉提系统对人体结构的纠正性，还会失去它重新带来整体幸福感的作用。

来自筋膜研究和大脑研究的原则都支持这个思想。"做动作时集中注意力"是奈特·巴尼埃尔提出的9大核心原则的第一条，它指出：因为大脑负责组织身体动作，所以动作也会反过来组织大脑的结构。从筋膜的角度看，我们知道筋膜中的感觉神经受体是肌肉中受体的10倍。如果运动时分心或不感兴趣，就限制了感觉和中枢神经系统的通信，这就形成感觉抑制的习惯，这个习惯会导致功能失调和损伤。相比之下，练习时集中注意力，就会增强肌肉的运动意识和本体感受，久而久之就会改善功能，减少损伤。

可以认为普拉提的专注原则就是在锻炼时传达心态重要性的原则。有几种方法可以在普拉提锻炼中有针对性地指导我们的心态，以便释放锻炼的全部好处。下面是来自筋膜和大脑健康领域的一些建议。

· 警觉：可以训练大脑保持警惕、警觉（巴尼埃尔称之为警醒），即能够产生意识，注意到周围发生的事情。

· 学习开关：可以认识到大脑是否处于学习状态。只有指导自己的注意力转向学习方向时，才会学到新的事物，即打开学习开关。巴尼埃尔动作课程的目标就是激活学习开关，我们作为普拉提教练和学员的目标也是如此。

· 变化：为了保持警惕和兴趣，大脑和筋膜需要变化。活动中的变化有助于避免思维、感觉、生活卡在僵化的模式上。环境提供新鲜、意料之外的挑战时，大脑和身体就会保持清晰和适应力。普拉提课程提供无穷尽的方法让大脑兴奋，让身体得到愉快的挑战。普拉提设备使我们能够在不同的重力平面上练习不同的动作模式。运动时还应该注意动作质量（例如，速度、细微动作与更完整的范围、强度，或者肌肉收缩"量"、焦点，等等）。不论做什么，同一个套路或指导不断重复，让自己和学员在心理上"厌倦"，都是错误的。为了让大脑和身体收获最大的益处，请保持新鲜。

· 热情：奈特·巴尼埃尔的另一

个核心任务，就是要求我们将热情作为与大脑沟通的方式，告诉大脑这件事非常重要。同前面的例子一样，热情是一种能够将大脑置于学习模式的心态。

　　·快乐：按照汤姆·梅尔斯的说法，训练筋膜最有效的方法之一，就是遵循快乐原则。换句话讲，用感觉良好、自然的方法运动，注意自己的感觉，这对大脑和筋膜都好。

3. 呼吸

　　约瑟夫·普拉提写到，在充分收获他的方法的好处之前，必须纠正呼吸方式。恢复正确的呼吸是普拉提的基础。这是个生物力学、神经甚至精神的过程。

　　作为我们形影不离的伙伴，作为我们对当下存在最直接的感受，呼吸是意识的大门。简单地集中呼吸时的注意力，对自主神经系统就有巨大好处，可以将日常生活的战斗—逃跑、忙碌—喧闹的模式转变成放松状态。关于冥想对大脑的强化效果，有完备的记载。即使每天专注呼吸一小时只是规律的普拉提锻炼唯一的好处，它也足以改变许多人的生活。

　　但事实证明，呼吸还是核心稳定性的关键组成部分。下一章将讨论呼吸的生物力学，还会研究如何在普拉提锻炼的帮助下鉴别有缺陷呼吸的习惯（以及如何克服它们）。

4. 控制

　　约瑟夫·普拉提最初称自己的锻炼系统为控制术，之所以这样命名，因为他教育学生说，如果他们每天实践他的锻炼方法，结果就是彻底控制身体的全部动作。控制是普拉提系统的目标。这个过程会发展出极佳的意识和身体敏感性，我们现在将这个过程称为建立肌肉运动意识、运动智能（KI），或"唤醒"身体的各个区域。例如，学习滚动脊柱，不是将脊柱当成一根长棍，而是一节节的骨骼，每次运动一根，要求在神经系统的精密协调下，在稳定性和移动性之间达到动态平衡。

　　如果将控制作为普拉提的目标，就可以将奈特·巴尼埃尔的第八条核心原则"想象和梦想"当成这个原则的自然延伸。"想象和梦想"指的是：想象新的机会，刺激大脑中的神经连接，帮助我们克服当前的局限。普拉提的控制原则来自乔的激进思想：普通人也能发展出对身体的全面控制（实际上"唤醒"身体的每块肌肉），这个思想在当时是幻想，在现在依然是。多么激动人心的可能性啊！控制术创造者这个激进的想象力、对人体新可能性的梦想，是我们作为普拉提的实践者们应该努力保持的。在具体实践时，我们要刺激自己的大脑，将它们扩展到自己从未想象自己的实践能够达到的水平。

5. 精确

精确是对普拉提实践者和导师提出的高标准，也是改变的前提条件。

正是由于这个"精确性"的要求，适合于初学者的同一套普拉提练习对于竞技运动员来说却可能成为挑战。许多人，包括一些运动员，已经在不知不觉中采用了无效的肌肉激活策略，他们在平时的生活和比赛中已经习惯了代偿做法。在要求精确稳定性和精确动作模式的过程中，这些弱点都会暴露出来。这使我们意识到自己通常的模式，帮助我们发现高效的做法。

准确而精确的锻炼，可能需要重新开始，重新成为初学者。开始时，这可能让人不安，但如果对这个原则虚与委蛇，带着虚假的成就感继续下去，那么过度活跃的肌肉可能继续占主导地位，反而掩盖了更适合这项任务的主要肌肉的衰退。不论是运动员还是办公族，我们许多人都采用了一些有缺陷的代偿运动模式，这些有缺陷的模式最终只会让我们发展出急性或慢性损伤。做精确的锻炼纠正缺陷模式的回报是，建立起深厚的力量，可以保持并促进人体终生的活动。

对于普拉提的精确原则，我们可以加入奈特·巴尼埃尔的核心原则"缓慢"。这里的思想是：只有慢下来，才能做出改变或掌握新技

能。快速运动只会落入自动采用的旧模式。指导学员慢慢地做动作，可以唤醒做事时已经落入习惯模式的大脑。放慢速度可以大大提高感知力，才有可能发生改变。

奈特·巴尼埃尔的另一个核心原则"敏锐"指的是：在降低力量时，就提高了大脑的敏感度，也就提高了大脑感知差异的能力（这对于大脑学习并学会至关重要）。这个核心原则为所有训练领域采用低负载训练提供了支持，尤其是那些有纠正性目标的训练。在我们遇到有慢性僵硬或不稳定模式的学员时，可以认为他们的这些领域缺乏运动感觉的敏感性。通过观察、触摸指导、夸张的提问，让他们意识到这些细微差异，例如"这里抬起时有何感觉？"能够启发大脑搜寻更高效的动作选择。

6. 流畅

与前一个原则强调的缓慢和精确的动作不同，流畅是一种登峰造极的状态，要达到这个程度，需要学会使用数量合适的、协调的力量进行锻炼，时刻发现并调整卡壳或过度收缩的动作。

心理学家米哈里·齐克森米哈伊（Mihaly Csikszentmihalyi）将流畅描述为这样一种状态：凝神贯注于所做的活动，人的技能和活动的要求完全匹配。结果就是一种行云流水的感觉，这与奈特·巴尼埃尔描述的大脑

在最高层次上工作时的整体意识状态没有什么不同。

有些普拉提导师认为，只有在学员精通基本模式之后才能得到快乐流畅的回报。正如上一个原则所指出的，如果运动迅速，就无法改变自己的模式；只有知道怎么做，才能做到。对普拉提初学者来说，要求他们在课堂上"流畅"60分钟，就相当于让他们把注意力从运动感觉的微妙之处转开，而用乔的说法，这些微妙之处"对于获得身体和心理的平衡"至关重要。如果更关注跟上他人，而不是关注锻炼的微秒之处，普拉提就失去了深度，变成另一个集体健身课而已。

尽管精通基础非常重要，但同时流畅也能促进感知的探索和学习，尤其在找到自己的节奏时。我们建议用这种方式探索基本的动作模式，然后再转移到复合动作。与其他人整齐起舞可以完成很好的表演，但在普拉提课堂上，要按照自己内在的韵律起舞，并且永远不要为了流畅而牺牲其他普拉提原则。

在对普拉提流畅原则的传统理解上，我们可以加入另外一个维度，考虑筋膜组织的弹性。我们都熟悉的概念是肌肉收缩、改变长度、拉动"被动的"肌腱（肌腱横跨关节）并产生动作。筋膜研究已经发现另外一种高效的运作机制，称为弹射机制或弹性反冲。在这个模式中，肌肉不改变长度，但筋膜组织会存储并释放张力，就像弹簧一样；袋鼠强有力的跳跃就是这么产生的。训练时脑子里想着这个机制可以提高体育活动（如跑步）的恢复力和耐力。筋膜健康专家建议在练习组合中加入弹跳动作、逆向的准备动作以及柔和流畅的"忍者式"跳跃。不论是万能滑动床上的跳板训练，还是其他普拉提课程的创造性适应，在普拉提体系内，都有大量机会可以训练筋膜的弹性。本书后面也有相关介绍。

来自筋膜和大脑研究的其他启示

虽然以下思想并不完全匹配普拉提的6大原则，但对普拉提实践者依然是有用的启发。

· 持续性：筋膜的变化比肌肉慢，可能很难立即看到外部变化。要有耐心，因为累积的效果可以从越来越强壮、越来越有弹性的筋膜结构中感觉到和看到。

· 恢复和休息：注意并采取规律、有针对性的休息，让筋膜组织补充水分。

· 灵活的目标：奈特·巴尼埃尔指出，我们从失败中获得的收获和从成功中获得的收获一样多。即使不能锻炼时，也要保持好奇心和勇气。

功能性核心：
胸盆间筒状区的角色

2

约瑟夫·普拉提将人体的核心部分称为"动力舱"，这个称呼非常合适。本书所说的核心或"动力舱"，指的是胸盆间筒状区（thoracic pelvic canister，TPC）。TPC由胸廓（胸椎和胸骨）、腰椎以及骨盆构成。以这个骨骼框架为基础，结合软组织结构（肌肉、筋膜、韧带），共同构成了解剖上的柱区。但与结实的桶不同，理想的功能要求TPC保持灵活。

本章介绍如何发展核心稳定性，包括涉及哪些肌肉，以及为了动作高效而实现最优稳定性所采用的系统和策略。本章还会研究针对常见姿势和运动功能障碍而衍生出来的非优化TPC稳定策略。本章的目标是提供TPC（核心）稳定实现方法的基础知识，使你能够：

· 实际了解TPC的功能效用得到了业界最佳做法、现有研究、临床观察及案例的有效支持；

· 理解什么样的TPC稳定策略是无效的，能够识别出功能失调策略的常见迹象；

· 掌握正确的工具和意识，能够制定正确的锻炼策略和循序渐进的锻炼项目，帮助自己或学员实现终身的健康和健身目标。

要发展并保持TPC的最优功能，需要有一套高度综合的系统。对TPC高效的功能性控制，取决于三大关键系统的协同：神经系统、骨韧带系统以及肌筋膜系统。这三大系统无缝协同合作，提供了高效姿势和动作所需要的稳定性和控制力。

虽然本章会简要介绍每个系统，但重点是肌筋膜系统。因为这个系统为我们提供了发展、改善、影响其他两个系统几乎每个功能的访问途径，即"入口"。

神经系统

神经系统统管人体的每项功能。它持续不断地监视着从皮肤、肌肉、筋膜、韧带、关节囊等器官内的本体感受器接收到的信息，以及从躯体感觉系统（视觉系统和前庭系统）接收到的信息，并利用接收到的信息确定最有效的稳定策略和动作策略。

通过各种各样适量的身体刺激和智力刺激，可以发展和保持神经系统。幼儿的发展完美体现了神经在人小时候的发育情况；几乎每天都能观察到幼儿运动控制水平的提高，以及智力和情绪水平的提高。儿童早期发展的几个月和几年，对于建立人一生姿势和动作所需要的神经网络来说至关重要。例如爬行可以发展TPC（核心）和对侧肢体控制能力（图2.1），而它们都是有效的直立姿势和步态所必需的两项基本能力。

图2.1　爬行可以发展TPC（核心）和对侧肢体控制能力

强化神经联系

糟糕的是，因为缺乏运动的生活方式，缺乏各种各样的身体刺激，加上不自然的锻炼方式，我们的姿势和动作模式经常会恶化。好消息是，由于神经系统会终生保持神经发育的质量，所以通过适量类型和适量数量的身体和智力刺激，神经系统在任何年龄都可以改善。普拉提由此成为一种卓越的手段，可以强化支撑健康和积极生活方式所需要的神经联系，甚至还能发展新的神经联系。

神经系统分类

神经系统是人体的控制系统；人体中发生的每件事，都受神经系统的驱动或影响。神经系统分为两大类（图2.2）：中枢神经系统（CNS）和外周神经系统（PNS）。大脑和脊髓构成CNS，PNS则由脑神经和脊神经构成。CNS负责处理和汇总PNS提供的信息，发布特定活动或身体功能所需要的指令。

PNS又进一步分为躯体神经系统和自主神经系统。躯体神经系统（SNS）控制骨骼肌、筋膜、关节、皮肤，是自发性肌肉活动的控制区域。自主神经系统（ANS）负责平滑肌、心肌、腺体；它参与的身体功能，基本都是保持人体存活的功能。虽然它主要通过潜意识进行控制，但通过有意识地加以关注以及特殊训练，我们能对内脏系统、心脏系统以及呼吸系统发展出一定的控制。例如，通过腹式呼吸进入放松的精神状态，我们能够有意识地降低心率和呼吸频率。

ANS又进一步分为交感（主管战斗或逃跑）和副交感（主管休息和消化）神经系统。因为现代社会快节奏的生活、技术驱动的过度刺激、缺乏合适的休息、对刺激物的依赖（咖啡因、药物等）以及日常工作等的影响，现代社会中许多人都生活在交感神经占主导的状态下。通过合适的呼吸策略，降低心率和呼吸频率大有好处，因为这可以让我们迅速地从交感主导的状态切换到副交感更多参与的状态。副交感状态保持的时间越长，身体越能有效地发挥健康长寿所需要的功能（消化、修复、解毒、消炎等），而不仅是维持基本生存。同改进姿势和动作一样，这是发展整体健康和长寿的一个重要方面。

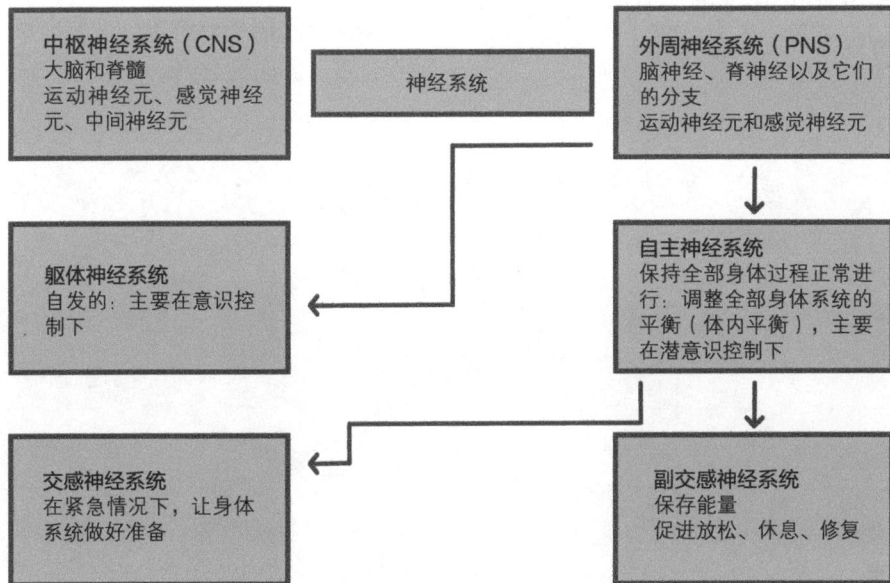

图 2.2　中枢和外周神经系统

导致疲劳、不适、肌肉组织分解，是许多高强度间歇训练（HIIT）方法的副作用。如果频率过高、持续时间过长，却没有合适的休息或恢复，则交感神经系统会长时间地占据主导地位。这是我们在定期参加这类训练项目的学员或患者身上发现的慢性紧张和慢性损伤的主要原因。如果参与者能够正确处理提高了的压力水平，则 HIIT 方法不一定不好；但是对于没有最优的姿势策略和动作策略，或者身处慢性疲劳或压力状态的人来说，HIIT 方法就是禁忌。

与这些 HIIT 类型的方法不同，在训练项目中加入普拉提的呼吸原则，放慢动作，发展有意识控制的意识，提高副交感状态，可能是其中最大的好处。在帮助我们的学员和患者缓解慢性紧张和不适，甚至由于过度使用而引起的慢性炎症时，我们发现有规律地加入这些原则，可以收获巨大的成功。

皮质小人

皮质小人（homuncuelous）是对大脑运动区域和感觉区域的形象化表示。皮质小人代表大脑分配给身体不同区域的空间大小或注意力多少。

如图 2.3 所示，大脑运动和感觉皮质的重点多数位于面部、手部、脚部。这是幼儿发育早期将大量时间用来观察、触摸、品尝、倾听、抓取的原因之一：这些动作可以给运动和感觉皮质提供信息，获得正确的运动和感觉功能所必需的宝贵反馈信息。实际上，孩子们是在发育自己的本体感觉，即对于空间中的位置、方向以及动作位置、方向的意识。

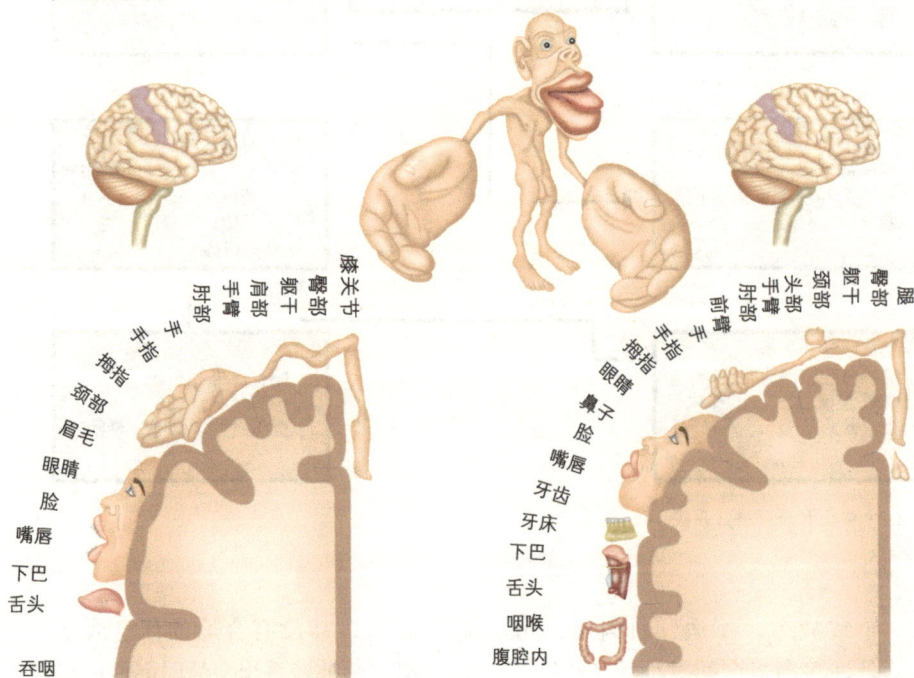

图 2.3　大脑运动和感觉区域的形象化表示

在意识更多的地方，大脑中这些区域的表示范围就会增大。如果缺乏意识，或者协调和控制有限，则大脑中这些区域的表示范围就会减小。在本书中讨论如何提高动作习惯的效率和控制时，请在脑子里记住这个皮质小人的形象。损伤或创伤会导致神经系统受损，或者"污染"受损区域的表达［这方面更好的解释，参见巴特勒（Butler）和莫斯利（Moseley）2013年的著作］。动作再教育，例如理疗、针对校准的瑜伽运动，以及普拉提，目的都是唤醒这些区域的意识和控制力，即理想功能的实现所缺乏的这些细微力量。

注意图2.4中的婴儿正在刺激她大脑皮层的运动和感觉部分。触觉或运动感觉的反馈是重新教育和发展理想姿势模式及动作模式的重要组成部分。例如，光脚进行普拉提锻炼，对于刺激足底的外周神经末梢，将位置、负重分布、力量方向的信息传递回中枢神经系统起着重要作用。对环境提供的运动感觉越丰富，对运动模式的改进就越成功，也就会在需要的位置发展出更理想的习惯。请记住幼儿时期刚刚开始学习时的方式，尽可能地将这些基本原则融入自己的普拉提锻炼当中。

需要着重指出的是，我们所做的每个活动都会影响神经系统。因此每个锻炼都是训练或调整神经系统的锻炼。正因如此，每个锻炼方法的细节，与锻炼本身一样重要。第1章介绍的普拉提6大原则有助于我们记住每套动作编排背后的原理和状态。不论正在实践哪个级别，不论是初学者还是高级阶段的训练者，都要在自己的普拉提训练中贯彻这6大原则。这样可以锤炼神经通路，使之在普拉提课程之外也能自发地产生高效而愉悦的动作模式。

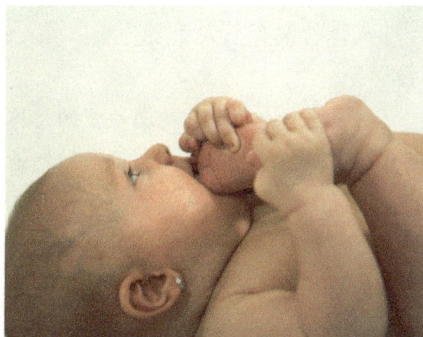

图2.4　这个婴儿正在刺激她大脑皮层的运动和感觉部分

感知、理解、专注

每个锻炼都可以训练或调整神经系统。在锻炼之前投入自我。注意自己的呼吸、心理状态、体态、对负重的支撑情况；对任何紧张、疼痛，都要尤其注意。要问自己："我锻炼的方式方法，会对神经系统产生什么样的影响？"这样做之后，意识、理解、专注就会成为普拉提锻炼的强大工具，在我们运动时默默地改变我们的身体、心理和精神。

骨韧带系统

TPC 中骨的部分指的是构成身体结构框架的骨骼。构成 TPC 或近端核心（图 2.5）的骨骼包括：

- 胸廓——胸椎、肋骨、胸骨
- 腰椎
- 骨盆

人体骨架有三大重要功能。

1.充当一个框架，提高垂直的总体高度，从而扩展人类行走、触摸、察看的能力。

2.使得骨骼可以发挥杠杆作用，提供力量发展的能力，以及达到及旋转到几乎无限角度和位置的能力。

3.提供了固定的附着点。有了附着点，肌筋膜系统的收缩才能做到协同而有组织，才能形成高效的姿势和动作。

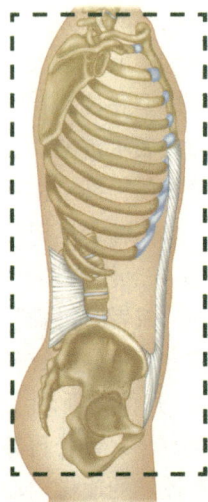

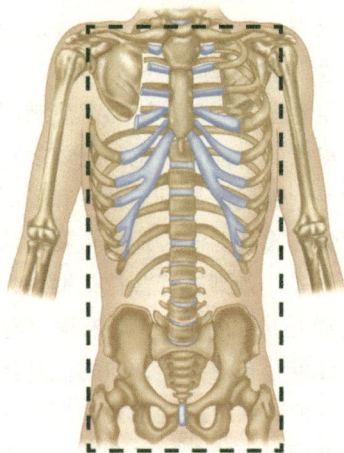

图 2.5　胸盆间筒状区（TPC）

还有一个额外功能与姿势和动作有关，就是骨膜（覆盖在骨骼周围的纤维鞘），其中包含感觉神经末梢。实际上，骨骼也发挥本体感觉功能。

前凸（颈椎和腰椎）、后凸（胸椎）交替的独特弯曲结构（图 2.6）

使脊柱可以充当功能性的减震器，既能吸收来自上方（重力和外部负荷）的压力，也能吸收来自下方（通过身体从脚与地面的接触点）向上传导的冲击力（如果脊柱是笔直的，则缓解冲击的能力会大幅度减小）。脊柱弯曲度的增大或减小都会造成生物力学的影响，导致软组织结构的压力，导致人体退行性的关节变化。后面一节将介绍其中一些影响。

　　躯干和脊柱（中轴骨）是头部以及上肢和下肢（附肢骨骼）的附着点。下肢通过股骨髋臼（髋）关节附着在 TPC 上，而上肢只通过胸锁关节与中轴骨实现骨性连接。凭借肌筋膜的束缚，四肢才能发挥稳定作用，因此不能脱离核心功能来讨论四肢对稳定性的作用。我们将在"肌筋膜"和"锻炼"小节进一步研究这个概念。

　　另外，TPC 的骨结构包裹并保护着脊髓以及位于胸廓、下腹部、骨盆内的大多数人体重要器官。在"肌筋膜"一节将会看到，TPC 形成的支撑结构为腹部器官提供了悬挂的支架。

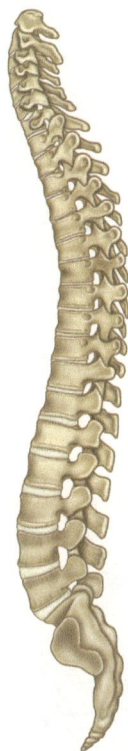

图 2.6　脊柱弯曲——颈曲、胸曲、腰曲

　　韧带系统为关节提供支持和一定程度的稳定性。韧带将接合（相连）的骨骼连接在一起，并与关节囊形成筋膜融合。这个结构除了与包裹的肌肉形成筋膜连接之外，根据关节的结构和功能，还提供一定的稳定性和不同程度的移动能力。躯干、脊柱、骨盆、四肢的关节结构，以及 TPC 的骨性结构中，绝大多数都属于滑膜结构。也就是说，都包含一个关节囊、关节液以及两个由软骨覆盖的接合骨骼（图 2.7）。

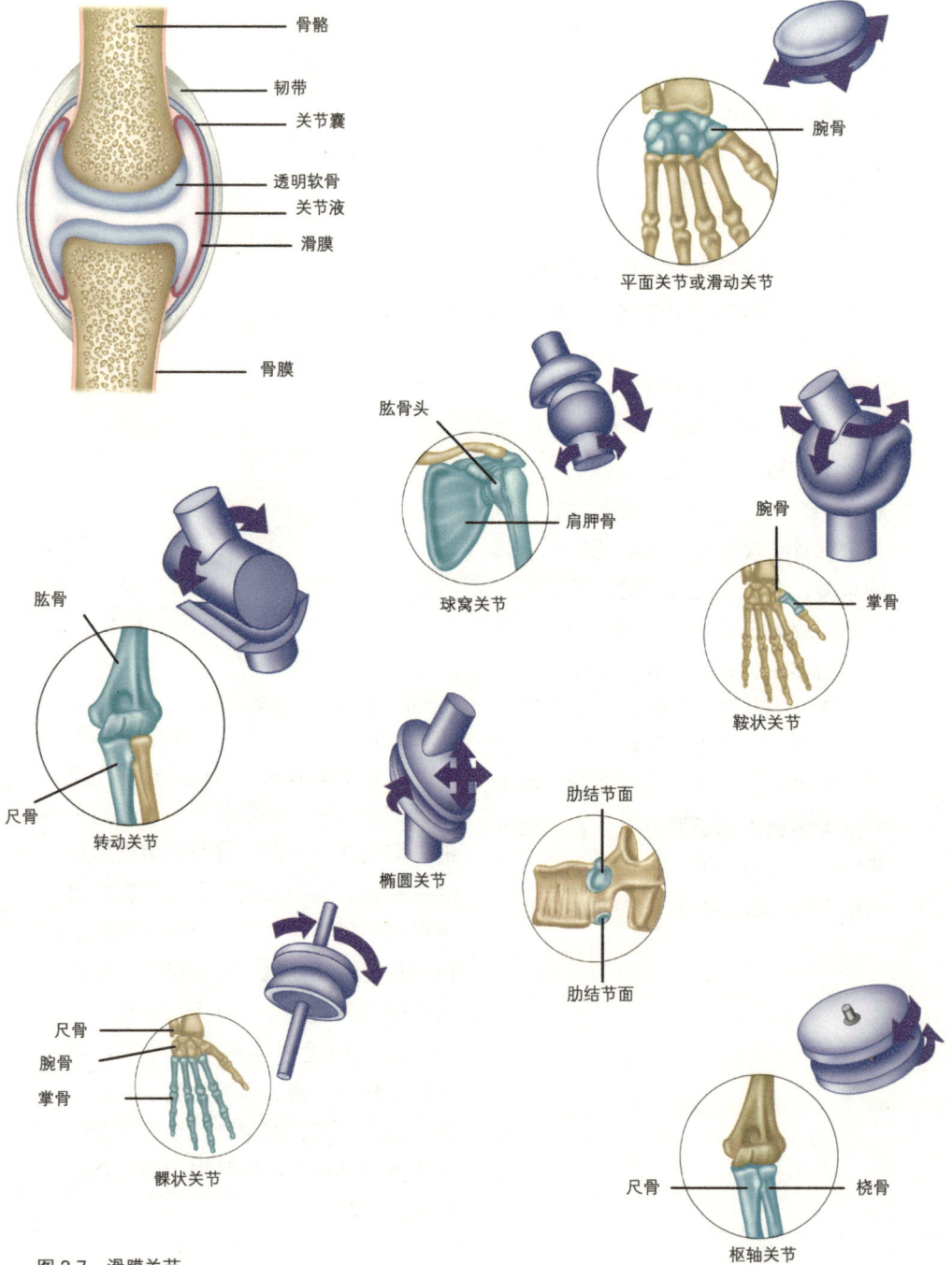

骨骼

韧带

关节囊

透明软骨

关节液

滑膜

骨膜

腕骨

平面关节或滑动关节

肱骨头

肩胛骨

球窝关节

肱骨

尺骨

转动关节

椭圆关节

肋结节面

肋结节面

腕骨

掌骨

鞍状关节

尺骨

腕骨

掌骨

髁状关节

尺骨

桡骨

枢轴关节

图 2.7　滑膜关节

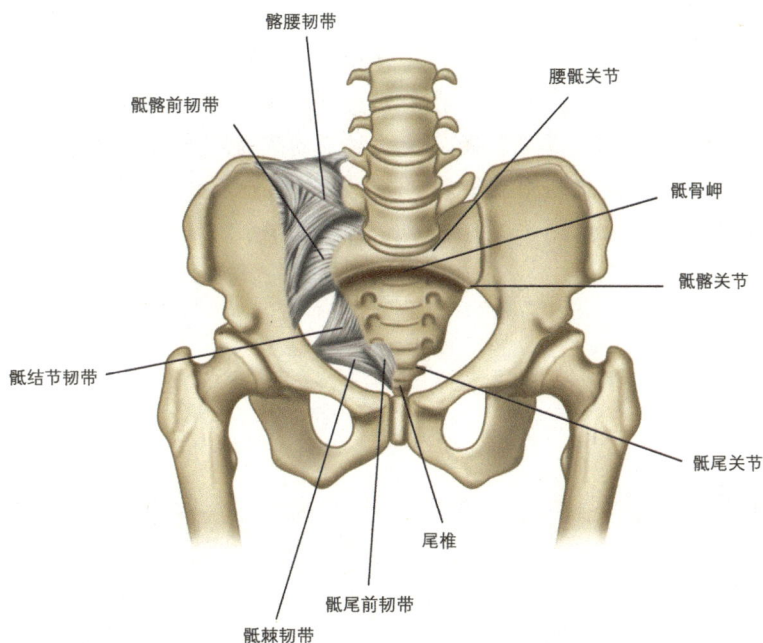

图 2.8　骶髂关节

虽然一直都知道韧带和关节囊里密布感觉神经元（本体感受器），但我们现在进一步认识到，人体的大量姿势控制通过韧带进行调整。肌肉收缩，对其在韧带上的筋膜附着点产生拉动，从而提供关节的稳定性。虽然过去曾经认为这只是对关节移动的消极保护，但最新的证据表明，许多生物组织，包括韧带及周围的纤维结缔组织，虽然不太统一，但却具备相似的属性。它们都包含收缩成分，使它们能够以机械加强或稳定的方式进行响应［施乐普（Schleip）等人，2012］。换句话讲，关节周围的全部组织既要提供关节稳定性，又要向神经系统传递信息，两个功能同等重要。

骨骼的不同形状以及骨骼构成的不同关节类型，决定了人体某一区域先天的稳定性。根据每一骨骼的独特结构，有的关节倾向于更好的稳定性，有的关节则倾向于更好的移动性。例如，骨盆的骶髂关节（SIJ），天生具备更大的稳定性，或称为形封闭（form closure）——这个术语由安德里·威力明（Andry Vleeming）和克里斯·斯奈得尔（Chris Snijders）提出［李（Lee），2011］。SIJs（图2.8）的独特结构为来自下肢的作用力通过躯干和脊柱向上传输以及从躯干和脊柱向下传递提供了必需的稳定性。

骶骨和骨盆的接合面上有不规则的软骨面，彼此咬合在一起。

　　箭头形状的骶骨在两块髋骨之间，由坚强、致密的韧带连接在一起。这些独特的结构形成骶髂关节先天的高度稳定性，或称为形封闭。下一节还将继续讨论肌筋膜系统对骶髂关节稳定性（力封闭，即 force closure）的贡献。

　　相比之下，盂肱关节（图 2.9）由相对巨大的肱骨头与肩胛骨的关节窝连接而成。这个组合使该关节有巨大的活动范围，但它缺乏骶髂关节固有的稳定性。因此，盂肱关节极大地依赖肌筋膜系统来提供功能性活动中所需要的关节稳定性。

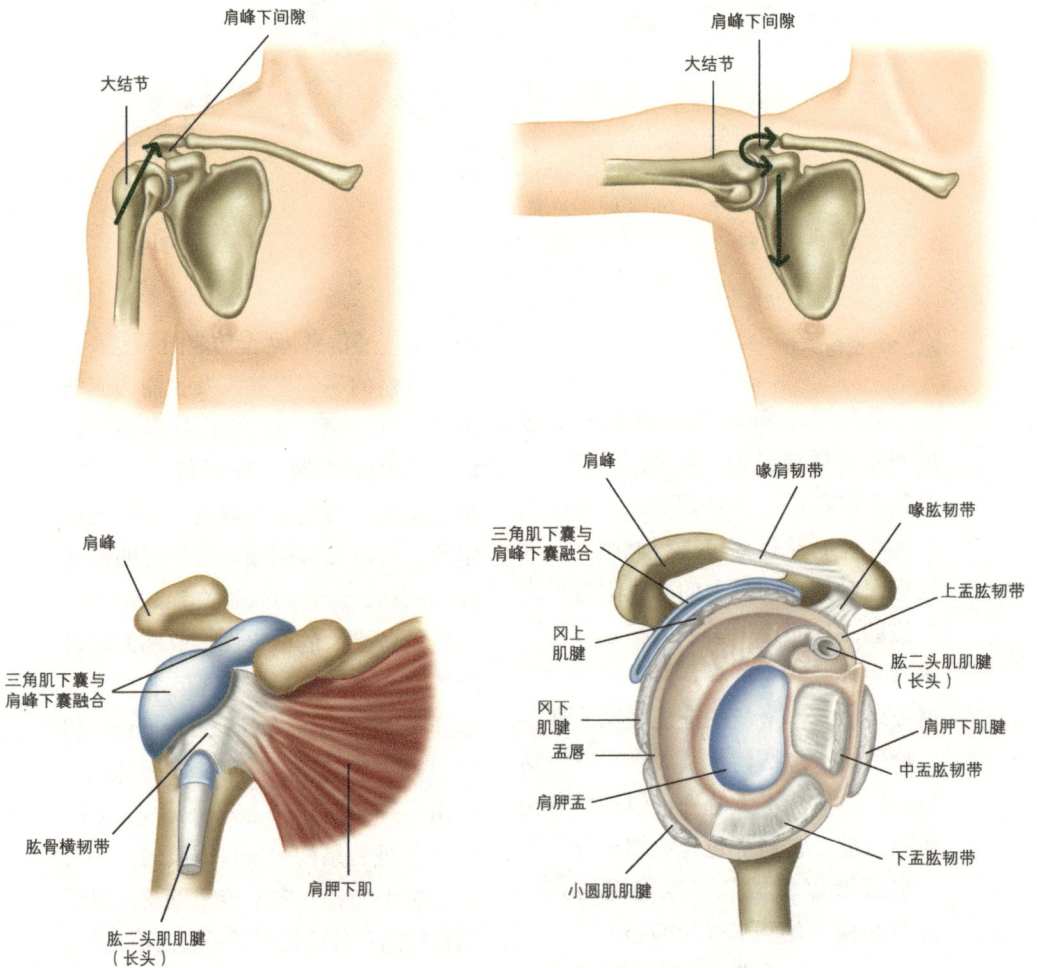

图 2.9　盂肱关节。注意构成关节的肱骨头相对巨大，而肩胛骨的关节窝相对较小

不论关节有多少形闭合，韧带和关节的形状都不足以提供直立姿势和动作所需的支撑。因此所有关节都要依赖肌筋膜系统来支持身体，使身体加速、减速，同时不对关节结构和软组织结构产生不必要的压力。

肌筋膜（肌肉＋筋膜）系统

第1章介绍过，筋膜是一张"网"，是包裹、悬挂、支撑身体全部结构并与全部结构连接的结缔组织。肌筋膜系统意味着肌肉与筋膜相互交织在一起，不可分割。肌筋膜系统的紧张形成了身体的稳定性（整体性），紧张可以是压缩性的，也可以是减压性的。

张拉膜结构（紧张＋整体性）是巴克敏斯特·富勒（Buckminster Fuller）提出的结构模型，这个模型描述了紧张索连在不连续的支撑杆上，形成一个连续的紧张生成系统。这个设计的优势是"轻"，同时具备固有的稳定性和适应性。人体的筋膜系统被称为稳定和机械调节器官[梅尔斯，2011，引自瓦雷拉（Varela）和福伦克（Frenk）]，这意味着它的作用就是：提供稳定性，并根据所受的机械力量进行调整，从而保持稳定性。

在将张拉膜结构模型用于研究人体之前，我们倾向于认为人体的稳定性只是压缩力作用的结果（重力和地面反作用力），就像建筑物中堆砌的砖头一样。

今天，我们认识到，人体有自己的内部凝聚力，可以通过复杂的筋膜张拉膜结构来应对持续不断的、各式各样的稳定性需求。在运用张拉膜结构的概念来研究人体时，肌筋膜系统的作用是紧张生成器，而骨骼则构成了不连续的、相互连接的支持杆系统（图2.10）。本章既会研究肌筋膜系统的压力作用，也会研究肌筋膜系统的减压作用。

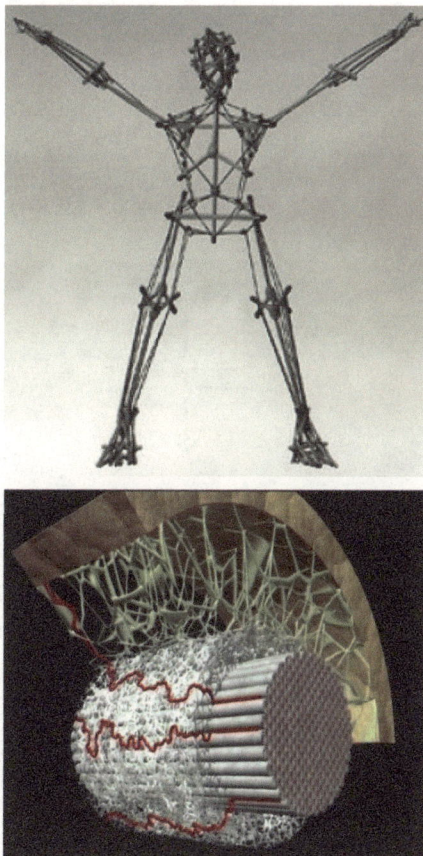

图2.10 张拉膜结构模型（上图）以及它在人体中的示意图（下图）。下图获得了 J.C. Guimberteau 博士和 Endovivo 制作公司的复制许可

实际上是神经—肌肉—筋膜系统

有种说法,肌肉是大脑的一扇窗(巴特勒等人,2013)。确实,我们的思想、情绪、信念都会从我们的姿势和动作模式以及与它们关联的机械紧张情况中反映出来[反之亦然。请参考哈佛商学院教授艾米·卡迪(Amy Cuddy)关于这一主题的精彩演讲]。

我们还是回到普拉提原则的智慧上来,普拉提原则的智慧强调的是,锻炼时的心态是发展理想姿势和动作模式不可分割的一部分。

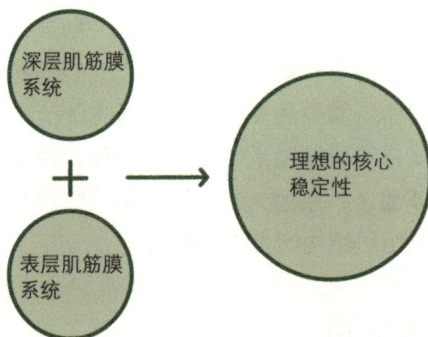

图 2.11　深层和表层肌筋膜系统之间达到平衡时,就实现了理想的核心稳定性

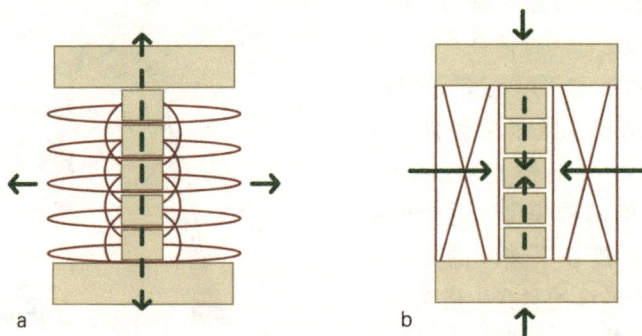

图 2.12　(a)DMS 的肌肉围绕 TPC 的骨骼环形排列,分段直接固定在 TPC 的骨骼上;(b)SMS 的肌肉与 TPC 垂直或交叉(X 形)

深层和表层肌筋膜系统由神经系统调节,协同工作,支持理想 TPC(核心)稳定和动作模式的发展(图2.11)。引入普拉提原则,是确保这两个系统均衡发展的最佳途径之一。

深层肌筋膜系统(DMS)的肌肉通常是围绕 TPC 的骨骼环形排列,分段直接固定在 TPC 的骨骼上(图2.12a)。相比之下,表层肌筋膜系统(SMS)的肌肉通常与 TPC 垂直或交叉(X 形)(图2.12b)。腹横肌属于 DMS,就是环形肌肉,通过筋膜在前方与胸腰部筋膜融合,固定在每一级腰椎、胸廓脊柱下缘以及骨盆上缘上。

相比之下，腹斜肌属于 SMS，位置更表浅，固定在胸廓到骨盆的外缘上。虽然这些肌肉对于 TPC 的功能有很大影响，但对每个脊柱节段的影响还达不到深层系统的程度。尽管如此，正如我们要讨论的，两个系统对于有效的稳定和理想的动作都有贡献。

有些人，包括理查森（Richardson）及其同事朱尔（Jull）、让达（Janda），根据肌肉的功能 ［柴陶乌（Chaitow）等人，2014］和位置（李，2011）对肌肉进行分类。我们的分类综合了他们的成果，并且就像研究中所揭示的，我们还考虑了肌肉的单个功能。为了简单起见，我们按深层和表层肌筋膜系统来划分 TPC（核心）的肌肉。

肌肉属于深层肌筋膜系统还是表层肌筋膜系统要由五大基本特征决定：肌肉的位置、大小、本体感觉密度、功能作用、功能障碍时的反应（表 2.1）。我们先研究构成深层肌筋膜系统的特征和肌肉。

表 2.1　深层和表层肌筋膜系统的特征比较

特征	深层肌筋膜系统	表层肌筋膜系统
位置	· 深层到中层 · 靠近旋转轴	· 中层到表层 · 远离旋转轴
大小	· 纤维尺寸从小到中等 · 主要是 I 型 或 IIa 型氧化肌纤维	· 纤维尺寸从中等到巨大 · 主要是 IIa 型 或 IIb 型糖酵解肌纤维
本体感受	· 密集 · 前馈：前瞻性激活	· 相对稀少 · 反馈：反应性激活
功能作用	· 低级活动 · 激活阈限低 · 节段性稳定 · 良好的运动和姿势控制 · 没有特定方向的控制	· 高级活动 · 激活阈限高 · 整体稳定 · 大动作 · 减震 · 特定方向的活动
功能障碍时的反应	· 抑制，包括激活延迟，产生的力量降低、耐力下降 · 萎缩	· 激活过度 · 激活阈限降低 · 过度激活，不需要时放松能力下降 · 过度紧张

深层肌筋膜系统

顾名思义，深层肌筋膜系统由表层肌肉下的肌肉构成，包含深层到中层的肌肉组织。这些肌肉体积通常更小，属于节间肌肉，这意味着它们在脊柱上会直接连接一两个关节节段，在身体外周部分则将一块骨骼与另一块骨骼直接连接。它们靠近旋转轴（理论上，是指关节旋转时的中心点），这向它们提供了对关节施加控制以及进行具体调整的能力。

靠近关节的肌肉（在图 2.13 中是多裂肌）通过筋膜与韧带和关节囊融合，能够更好地监控和控制关节的细小动作。这比表层肌肉（竖脊肌）提供的关节控制等级更精细，表层肌肉通常远离旋转轴，通常跨越不止一个关节节段。

深层系统的肌肉主要由张力纤维或 I 型氧化纤维构成，这意味着利用氧气生成能量。这个构成使肌肉可以保持持续的活动，而主要依赖糖原产生能量的肌肉（例如表层系统的肌肉）会迅速疲劳。耐力是深层肌肉的关键功能，因为它们需要不断地监视和控制关节。即使在休息时，这些肌肉中通常也存在低等级的活动，通常是对关节进行稳定，保持一定程度的控制，而不是单纯的收缩和放松（打开和关闭）。单纯的收缩和放松通常发生在受伤之后。

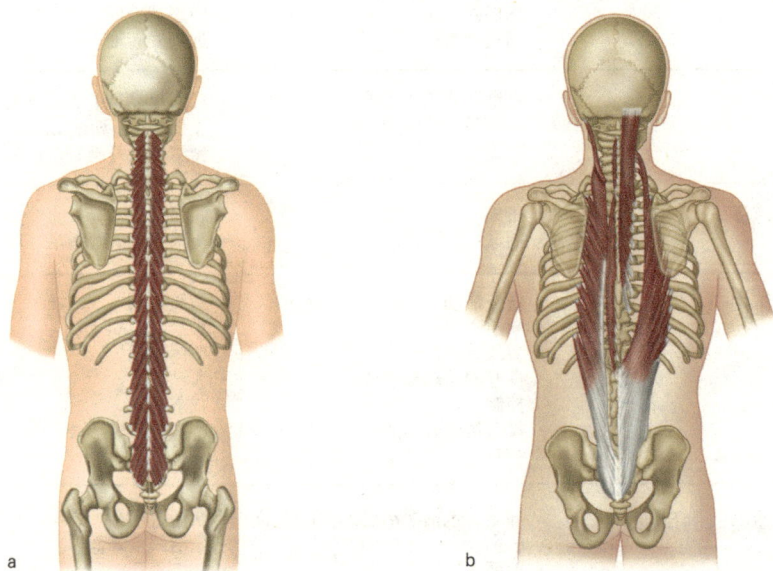

图 2.13　深层肌筋膜系统。注意脊柱更深层的肌肉——这里是多裂肌（a）——直接固定在脊柱的一节或二节上，而表层竖脊肌（b）则跨越脊柱的多节段

这些更深层肌肉额外的两个好处是，它们的活动没有特异性，而且是前馈的。非特异性指的是它们的收缩与躯干和脊柱动作无关，与表层肌肉不同，深层肌肉的激活与位置或活动无关。换句话讲，不论体位或动作方向如何，这些肌肉总有一定程度的活动。这些肌肉也是前馈肌肉，意味着它们会先于动作发起者（通常是表层肌肉）几毫秒开始收缩；这个功能非常重要，它让关节在动作之前保持稳定。

前馈在许多深层肌肉中都存在，包括腹横肌、盆底肌、横膈膜、多裂肌。这个重要功能使关节在实际产生动作之前保持稳定。例如，在提胸做平躺之前，或者做普拉提腹部系列的百拍式或任何一个练习之前，都需要将深层肌筋膜系统激活起来，保持核心（TPC）的稳定。如果脊柱和骨盆的深稳定系统没有提前激活，不能保持关节的稳定，那么更表层的腹直肌和腹斜肌的紧张，以及四肢的动作，都会破坏躯干、脊柱、骨盆的对齐，产生代偿性的动作模式以及潜在的损伤。深层核心的这种提前激活是所有普拉提锻炼中强化 TPC（核心）稳定性和控制的第一步，从腿部划圈、侧踢系列到更困难的动作模式，例如普拉提预备式 Teaser（图 2.14）。

我们希望深层肌筋膜系统的肌肉一直进行一定程度的控制，不仅仅随机地开启和关闭。这种开启与关闭通常发生在系统有损伤、创伤、压力时。下一章将进一步讨论这个问题。在触碰自己或学员的腹壁时，应该注意到深层腹壁独立于表层腹部肌肉的提前激活（图 2.15）。这个激活不应该导致表层肌肉张力过度，也不应该引起 TPC 的中立对齐发生改变。

图 2.14　普拉提预备式 Teaser。在抬起双臂和双腿之前，先激活深层肌筋膜系统来稳定 TPC

图 2.15　运动者提前激活自己的深层肌筋膜系统

深层肌筋膜系统肌肉包括但不限于腹横肌、腰大肌、横膈膜、盆底肌、多裂肌、腰方肌、回旋肌、棘间肌、横突间肌、肋提肌，以及肋间肌

（表2.2）。在图2.16中，注意深层肌筋膜系统的肌肉以及结合的筋膜形成了围绕胸廓、脊柱、骨盆的肌筋膜缠绕带。这个结构提供了控制节段稳定性的能力，并参与产生平滑、高效的动作。

看起来，深层肌筋膜系统中的某些肌肉，例如腹横肌和腰大肌，也是很巨大的肌肉；而且如果只看它们的体积和覆盖面，它们确实是巨大的肌肉。但是，除了通过筋膜固定到其他大量深层肌肉外，这些肌肉都有特异性的筋膜将其固定到脊柱、胸廓、骨盆的特定骨骼和韧带上，所以它们能够对脊柱、胸廓、骨盆施加节段性的控制，其功能就像是固定在各关节节段之间一样。

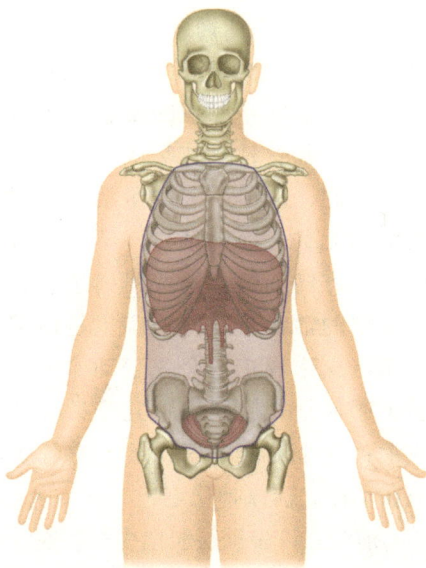

图 2.16　围绕胸廓、脊柱、骨盆的肌筋膜带由深层肌筋膜系统的肌肉及结合的筋膜构成

表 2.2　核心的深层肌筋膜系统和表层肌筋膜系统的肌肉示例

深层肌筋膜系统	表层肌筋膜系统
横膈膜	前侧和后侧腹斜肌链
腹横肌	屈肌和伸肌链
盆底肌	侧链
腰大肌	深层纵向链
多裂肌	
回旋肌	
棘间肌	
横突间肌	
外层 / 内层	
肋间肌	
肋提肌	

注意：某些肌肉，例如腰方肌、腰大肌、多裂肌、竖脊肌，从技术特征上看将它们分到哪一组都可以。这些肌肉的深层纤维具备深层肌筋膜系统的特征，而表层纤维又具备表层肌筋膜系统的特征。为了简便起见，我们只将肌肉分到某一组。

筋膜封套在 TPC 稳定性中的作用

在考察如何通过筋膜封套形成核心稳定性时，人体明显体现了按照张拉膜结构模型运行的固有效率。可以将这个机制想象成一只气球（代表一块或一组肌肉）包在一只橡胶管（筋膜）里。气球只充满一半气时，对橡胶管的压力相对较小；肌肉在筋膜封套中放松就是这个样子。但是，随着气球不断变大（肌肉收缩），顶着橡胶管（筋膜封套），橡胶管就被拉紧。

在人体中，可以将多裂肌想象成气球，将围绕它们的胸腰部筋膜想象成橡胶管。随着腹横肌（通过筋膜与胸腰部筋膜连接）让胸腰部筋膜收缩和紧张，多裂肌的收缩会膨胀或挤压筋膜封套（由胸腰部筋膜构成），从而稳定其下方的脊椎节段（图 2.17）。

这个稳定模型有一点很有意思，对这些单一关节、节段间稳定肌肉（例如多裂肌、腹横肌、盆底肌）提前激活的研究表明，激活之后，可以为保持关节稳定形成所需的合适紧张级别［理查德森（Richardson）等人，2004］。不受控制的剪力和旋转力容易导致关节软骨磨损，对于软组织结构（如椎间盘）带来有损害性的高度压力。因此教练一定要认识到节段间关节控制（一节椎骨对相邻椎骨的控制）的必要性，才能抵抗那些只要求深层肌筋膜系统产生相对少量肌肉收缩的力量。

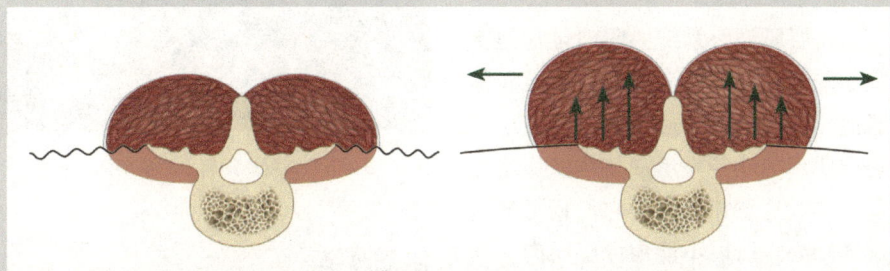

图 2.17　脊椎中张拉膜结构作用示意图。腹横肌和多裂肌放松时，椎骨能够相对于相邻椎骨移动。在腹横肌收缩引起胸腰部筋膜紧张时，会使肌肉紧张，多裂肌收缩导致周围的胸腰部筋膜绷紧椎骨节段，从而保持椎骨稳定，不受动作影响

表层肌筋膜系统

表层肌筋膜系统由中层到表层的肌肉组成。这些肌肉体积更大，通常跨越两个或多个关节节段，并且远离旋转轴心。这些肌肉主要由类型 II 糖酵解纤维构成，即由糖原提供能量，因此能够快速、有力地收缩。但是，由于使用糖原提供能量，这些肌肉会迅速疲劳。虽然表层肌肉也包含本体感受器，但比例通常比深层肌肉少，所以对于关节动作的细微变化不如深层肌肉敏感。一般只有对关节动作或体位的更大变动或影响，才能让表层肌肉侦测到这个动作，并将信号传递回中枢神经系统，因此它不是一个高效的控制系统。如果最初的创伤之后持续有 DMS 的抑制，则 SMS 的低敏感性（以及导致的过度活动）会成为关节的肌肉和软组织已经痊愈后损伤复发的常见原因。

表层肌筋膜系统的肌肉包含但不限于前侧和后侧腹斜肌链、屈肌和伸肌链、侧链、深层纵向链（表 2.2）。表层肌肉的功能是形成整体的稳定性和动作。这意味着由于它们相对远离旋转轴心，所以不能像深层肌肉一样精确地控制或移动关节。另外，表层肌肉的活动与方向有关，这意味着它们只能由特定方向的动作引发。基于这些特征，它们对关节的作用通常是压缩性的、非特异性的，因此如果深层肌筋膜系统没有控制好平衡，就有

可能将关节拉得错位。

以万能滑动床短箱上的侧向仰卧起坐（图 2.18）为例。运动者身体向左屈时，右腹外斜肌离心收缩（拉长）以控制她的动作。左腹外斜肌（表层肌筋膜系统）在这个模式中相对安全，因为不需要激活它来协助这个动作。但是，腹横肌（TVA，深层肌筋膜系统的一部分）在两边的腹斜肌下一直都会激活起来，因为在这个锻炼的全部范围内，它都必须控制躯干、脊柱、骨盆。如果 TVA 不能执行这个稳定功能，作用在椎间盘上的压缩力和剪力就会导致脊柱的严重损伤。

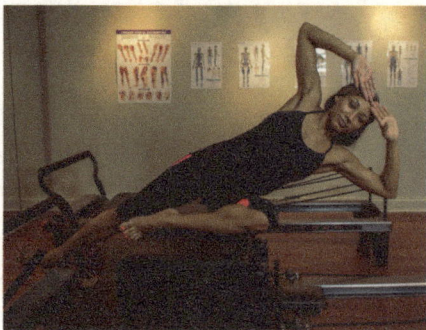

图 2.18　万能滑动床短箱上的侧向仰卧起坐

肌筋膜链

虽然通常从独立的功能角度单独研究每个肌肉的功能，但是如果目标是改善姿势和动作，则应该从更大的范围来理解肌肉的功能。从更广泛的角度看时，所有肌肉都通过筋膜

与其他肌肉连接，形成更长的功能性肌筋膜单元（图2.19）。有不同的术语来描述这些连接起来的肌筋膜单元，包括肌筋膜索（Tittel）、肌肉链［卡贝特（Kabat），斯特鲁夫－登斯（Struyf–Dens），巴斯奎特（Busquet）及其他人（施乐普等人，2012）］，以及直接称为筋膜链［包乐提（Paoletti），2006］。

在超乐福（Chauffor）发展"骨骼机械连接"（施乐普等人，2012）和梅尔斯发展"解剖路径"（2014）的过程中，筋膜矩阵相互连接的性质一直有帮助。第38页的表2.3列出了梅尔斯描述的多条肌筋膜线。

肌筋膜链将身体的各个区域连接在一起，起到提高身体稳定程度、加速程度或减速程度的作用。考虑到筋膜系统复杂的组织结构，在理论上任何时刻都有无数肌肉链在发挥稳定和移动身体的作用。

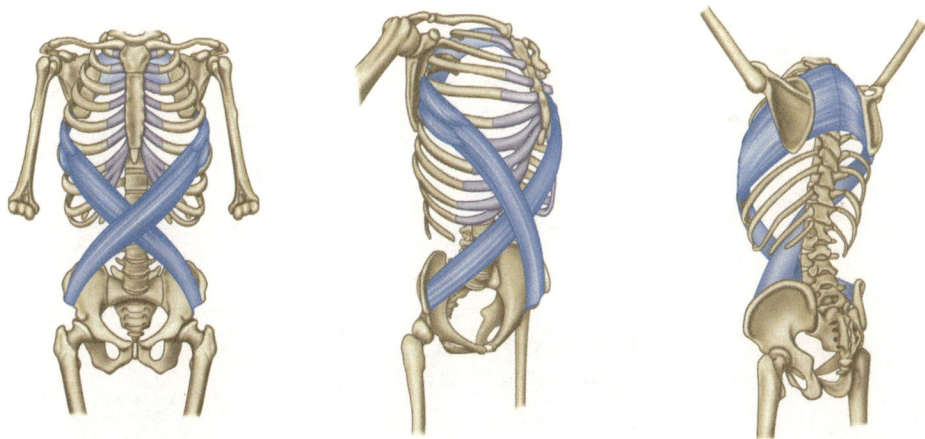

图 2.19　肌筋膜线或链连续体示例

表 2.3 梅尔斯描述的几条肌筋膜线

解剖路径	肌筋膜构成	
前螺旋线	头夹肌（对侧）、菱形肌、前锯肌、腹外斜肌、腹部筋膜、腹内斜肌（对侧）、内收肌（对侧）	
后螺旋线	背阔肌（对侧）、胸腰部筋膜、臀大肌和阔筋膜张肌、髂胫束、腓骨长肌	
表层后线	足底筋膜、短趾屈肌、腓肠肌、绳腱复合体、竖脊肌、枕筋膜	
表层前线	胸锁乳突肌、胸骨肌、腹直肌、股四头肌、胫骨前肌、趾伸肌	
侧线	头夹肌、胸锁乳突肌、斜角肌、肋间外肌—肋间内肌、腹外斜肌—腹内斜肌、臀大肌—阔筋膜张肌、臀中肌及对侧腰方肌、伸趾长肌、第三腓骨肌—胫骨前肌	

注意:

1. 除非链条交叉过中线，否则所述肌肉均指身体同侧肌肉。链条交叉过中线时，所指的是对侧肌肉（例如前、后腹斜肌链）。
2. 侧链的肌肉相互交叉、成对出现，这些肌肉用破折号分隔。
3. 许多肌肉，如背阔肌、竖脊肌、腓骨长肌，参与多个链条的功能。
4. 某些链条，如屈肌和伸肌、侧链、屈臂和伸臂链，两侧包含的肌肉相同。

在需要深层肌筋膜系统的肌肉对特定的关节控制更多的地方时，同样需要表层肌筋膜链负责身体的加速和减速，以实现更高水平的稳定性。这些肌筋膜链让人能够形成生命必需的动作，即基本的动作模式，包括蹲、扑、推、拉、弯曲、旋转、行走。生命的每个动作都由一个或多个基本模式构成。例如弯腰抱起孩子，将他举过头顶，要求蹲和弯曲模式的组合才能把身体降到孩子的高度。拉模式将孩子由地面朝着你的重心拉起，推模式将他举过头顶。

基本的动作模式可以单独训练，然后通过各种普拉提模式组合到自己的技能集合里。分析学员做起来有困难或感觉疼痛的特定动作模式，可以让我们将这个动作分解成它的基本组成部分，并通过训练有效地提高控制力。普拉提系统的这个要素让每个人都能提高自己的表现，不论你的目标是与孩子一起嬉戏、参与孩子的运动，还是更有效地移动，从而少遭受慢性紧张和慢性疼痛。

筋膜系统

虽然筋膜曾经只被当成白色的纤维结缔组织，但近来对筋膜系统的研究为这个动态结构带来新的视角。一方面，筋膜几乎与人体的每个结构连接，细到细胞层级。另一方面，它在核心稳定策略的发展中起到几个重要作用。

1. 筋膜将全身的结缔组织连接成一个功能性单元，在保持整个人体的整体性方面起到重要作用。在更浅表的水平上，筋膜将肌腱与韧带连接，将韧带与关节一侧的关节囊连接，将关节囊与关节对侧对应的韧带和肌肉肌腱联合连接。这一连接为保持姿势和做动作提供了支撑及稳定关节所必需的持续灵活性和稳定性。

2. 这个筋膜网络的另一重要作用是：它将人体的内脏系统（器官）和整个人体结构悬挂起来。骨骼负责提供整体架构和锚定点，筋膜系统负责提供直立姿势和动作以及理想的器官功能所必需的悬挂支撑。

在身体内部，筋膜包裹并保护血管、淋巴管、神经。骨膜（包裹骨骼的特殊筋膜层）与肌筋膜连接，也有保护和本体感受功能。

3.筋膜包含称为肌成纤维细胞的结构，是成纤维细胞中一种起收缩作用的变体（施乐普等人，2012）。过去曾经认为，肌成纤维细胞的主要作用是促进创伤愈合和病理条件的发展，如杜普伊特伦挛缩（掌腱膜挛缩症）或肩周炎（施乐普等人，2012）。但是，现在已经证明，肌成纤维细胞在各种筋膜组织样本中都存在，包括胸腰部（腰背部）筋膜、髂胫束、足底筋膜，这表明它们在全部筋膜中普遍存在（施乐普等人，2102）。肌成纤维细胞为筋膜提供了收缩能力，发挥稳定作用，并能沿着不同的筋膜线路分散力量，在整个肌肉骨骼——筋膜系统中保持一定程度的灵活性和适应性。

4.本体感受指人体在空间中和动作中有意识和潜意识的感觉，这对于发展高效的姿势和动作策略起到重要作用。筋膜中包含特殊的机械感受器，这让它成为控制姿势和动作的神经系统的延伸（施乐普等人，2012）。这些机械感受器响应机械压力(例如压力、紧张、拉伸)，还有从皮肤、眼睛、前庭系统接收到的信息，将发展姿势和动作有意识和潜意识控制所需的信息提供给神经系统。

上述所有因素共同作用于筋膜系统，使人体的不同系统（心血管、肺、胃肠道、泌尿生殖、骨韧带、肌肉）共同作用，形成一个功能单元。因此，整个人体功能由筋膜系统驱动，人体的机能障碍也会通过这个系统反映出来（包乐提，2006）。

我们来看深层的构成深层纵向肌筋膜链的胫骨前肌、腓骨长肌、股二头肌长头、骶结节韧带、骶髂关节韧带、胸腰部筋膜、对侧竖脊肌在一个步态周期的脚部触地阶段的作用。请记住，在步行过程中主要是前进运动或矢状面运动，实际是神经肌筋膜控制着动力链条上的多个旋转节段，使人体能够将这些旋转力转变成步行的线性动作。

脚跟触地时，胫骨前肌的向心收缩（伴随前腿前伸）将深层纵向链条的后侧部分进行离心拉伸。在腓骨长肌上产生的这个紧张在它与股二头肌长头的筋膜连接上产生紧张，然后又在它与骶结节韧带的筋膜连接上产生紧张（图2.20）。

这个紧张在深层对侧竖脊肌上产生紧张，竖脊肌通过胸腰部筋膜固定在骶髂关节上，在身体前进时负责稳定骨盆和脊柱。竖脊肌的动作也有助于控制或抑制因一侧腿部和骨盆向前移动、躯干朝反方向转动而产生的部分旋转力量。

这些动作共同作用，拉动骶结节韧带、骶髂韧带、相连的筋膜收紧，这会锁住骶髂关节，让它保持稳定，并提供单腿着地需要的支撑。这个设计非常巧妙，既能形成稳定性，又能控制旋转力，还能将旋转力通过身体传递，最终形成流畅而协调的步态。

那么，普拉提会如何提高筋膜系统的整体功能呢？请想象做向前上矮

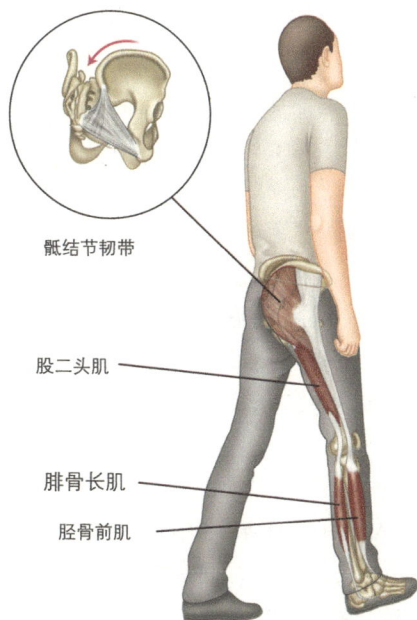

骶结节韧带

股二头肌

腓骨长肌

胫骨前肌

图 2.20　步行的线性动作：离心拉伸深层纵向链的后侧部分；连接到骶结节韧带的股二头肌筋膜连接紧张

图 2.21　向前上矮凳

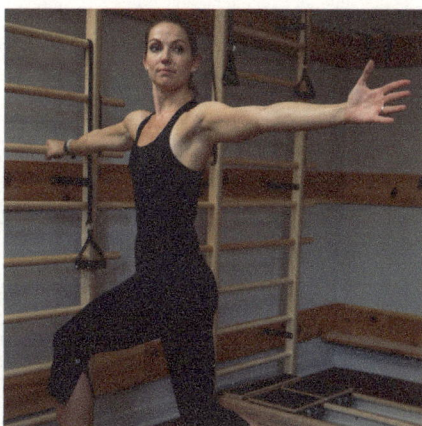

图 2.22　核心对齐弓步转体

凳（图 2.21）动作或核心对齐弓步转体（图 2.22）时肌筋膜的情况。在两个动作中，脚、腿、骨盆都必须保持稳定和对齐。缓慢运动，注意力放在正确性上，就会发现肌筋膜哪里缺乏控制。

通过纠正足部、踝关节、膝关节、髋关节的对齐，加强深层核心的拉长，释放表层肌筋膜系统的收紧模式，可以开始发展一个更高效、更可持续的动作模式。

筋膜张拉膜结构在稳定中的作用

人体利用张拉膜结构稳定骨盆并最终稳定脊柱的另外一个例子也发生在步态周期内。在步行进入步态周期的中间站立阶段时（此时，一脚的全脚贴地，单腿支持全身），对于站立腿上骨盆和体重的稳定有非常大的要求，同时还要控制身体前进或向前的冲力。这个任务中为协助核心完成动作所需的稳定性，由臀大肌和阔筋膜张肌（TFL）的收缩提供，它们的收缩在髂胫束（ITB）上产生紧张，使大腿外侧的髂胫束拉紧。接下来，ITB下方的股外侧肌收缩让膝关节伸直，并顶着现在处于紧张状态的ITB向外鼓出（图2.23）。这一系列的事件，将下肢变成一根结实的杠杆，能够用单腿有效地支撑人体。

筋膜张拉膜结构在控制旋转中的作用

旋转对于高效的步态和动作来说必不可少。筋膜张拉膜结构在产生旋转力以及控制旋转力在全身的传递上起着必不可少的作用。缺乏高效的旋转控制是非接触性损伤（即身体没有直接创伤时的损伤）以及姿势和动作控制效率下降的首要原因。

腹斜肌链通过筋膜将对侧上肢和下肢穿过躯干连接起来；这个连接让这些链条能够"卷起"，还可以预先进行离心加载，然后再释放存储的弹性紧张（并向心收缩），从而产生加速度（图2.24）。对肌筋膜系统产生的紧张加以利用的能力，使人类在完成某些活动（例如步行）时可以更省力，而在加速身体（例如跑步、冲刺）或加速物体（例如抛球或挥出高尔夫球杆）时将这些肌筋膜力量最大化。

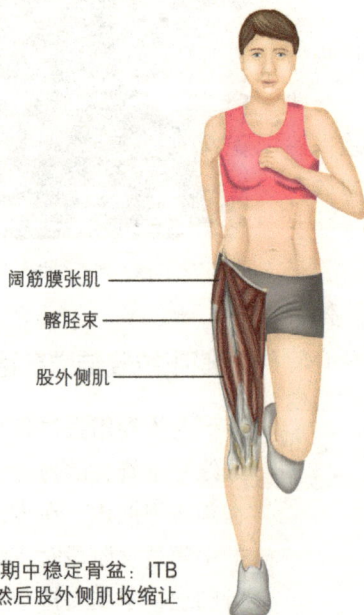

阔筋膜张肌 ——
髂胫束 ——
股外侧肌 ——

图2.23　在步态周期中稳定骨盆：ITB被拉向大腿外侧，然后股外侧肌收缩让膝关节伸直

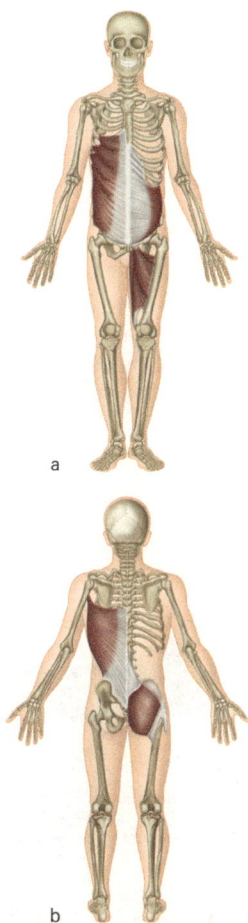

a

b

图 2.24　前部（a）和后部（b）斜链让步行、跑步等活动流畅而协调。利用相邻的肌筋膜结构中主动及被动拉紧所存储的弹性能量，我们能产生旋转力并控制旋转力通过身体，一方面让动作更高效，另一方面减少压力对关节和软组织的潜在损害

普拉提锻炼，例如伐木式（Saw）、蛇形转体（Snake-Twist）、单手俯卧撑（Single-Arm Push-Ups）、十字交叉（Criss-Cross）（图 2.25）都是有针对性地训练腹斜肌链的普拉提动作例子。

图 2.25　十字交叉锻炼

肌筋膜系统在控制压缩中的作用

需要重点指出的是，虽然深层肌筋膜系统能够形成特异性的关节稳定性，但如果没有表层系统的协助，它无法执行较高层次的活动。利用表层肌筋膜系统，在深层肌筋膜系统的平衡下，可以提供完成较高层任务所需要的稳定性，例如步行、举重、运动。表层肌筋膜系统对这些活动的作用，表现在通过压缩产生稳定性。

虽然"压缩"这个术语可能会让普拉提教练或运动者感觉毛骨悚然（因为锻炼中很少做"压缩"训练），实际上它是一种平衡的做法，或者按雷文（Levin）和马丁（Martin）的说法，是一种"漂浮"压缩（施乐普，2012），不是我们要努力做到的核心压缩策略。因为众多的筋膜线相互平衡，导致力量在整体系统中消散，而不是集中于一点，因此我们可以保持住这个漂浮压缩。也正因为如此，人体才不会像一摞砖一样受重力压缩：更像是吊桥，力量分散开来，形成这种悬挂或漂浮压缩的感觉。表层肌筋膜链条激活形成的压缩，与深层肌筋膜系统形成的减压稳定性结合，为人体提供了许多活动需要的更高层次的稳定性，例如举起孩子、举起重物，或者挑战难度更大的普拉提锻炼。

因为表层肌肉通常更大，产生的力量等级也越高，因此表层肌筋膜系统的收缩会加大对关节的压缩。而深层肌筋膜系统的激活在提供关节稳定性时却不一定会增加对关节的压缩。两个肌筋膜系统共同作用，为所执行的动作提供了合适的压缩或控制，同时保障关节和软组织不会在压缩、旋转、紧张的压迫之下受损伤。

我们可以在不同的普拉提锻炼中来了解这些概念。在多功能训练台上的双侧举腿（Bilateral Leg Lifts，双侧抬腿）（图 2.26a）中，握住头顶的立柱，一边激活起 TVA 和深层肌筋膜系统，一边保持 TPC 的中心对齐，这样就能在保持稳定的同时，不对脊柱产生过度压缩。在更表层上，腹斜肌和腹直肌提供了更高层次的激活，并对内侧部分产生压缩，在整个动作过程中提供了 TPC 的稳定性。在跪姿侧踢（Kneeling Side Kicks，图 2.26b）中，重心则在另外一个平面，但应用的机制是一样的。核心的深层肌筋膜系统保持稳定和伸长，而表层核心

（腹斜肌、腹直肌、竖脊肌、腰方肌）围绕 TPC 提供适量的额外支撑。

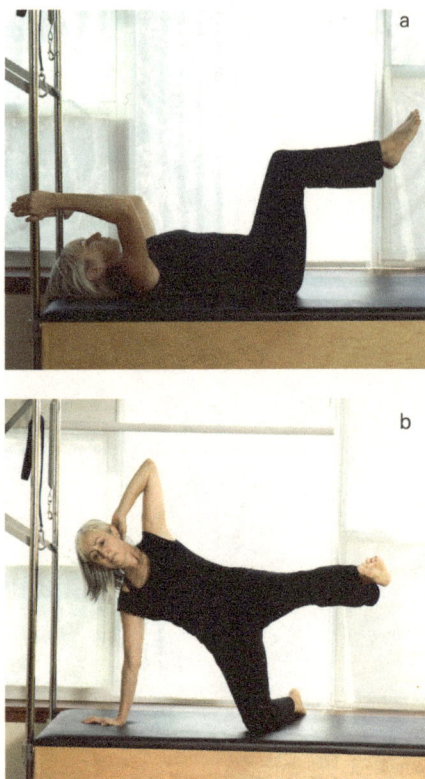

图 2.26　（a）多功能训练台上双侧举腿；（b）跪姿侧踢

恢复平衡

发展深层和表层肌筋膜系统的平衡是实现核心稳定性的综合方法的一部分。不理想的压缩水平（即压缩过量或者过长时间的过量压缩）源自两个系统之间的失衡。运用普拉提原则恢复平衡，并采用合适的锻炼进度，有助于发展出高效的核心策略，从而支持自己的健康和健身目标。

压缩多少才合适

谈到压缩作为核心稳定理想策略的组成部分时，我们要努力做到三件事。

1.前馈激活深层肌筋膜系统。深层和表层肌筋膜系统之间的主要区别之一是：深层肌筋膜系统是前馈系统，这意味着深层肌肉在表层肌肉之前收缩。我们希望表层肌筋膜系统在深层肌筋膜系统之后收缩。正因如此，锻炼过程中才必须确保正确地激活深层肌筋膜系统：深层肌筋膜系统负责稳定关节，给关节减压，防止表层肌筋膜系统在负载过程中的收缩导致关节过度压缩。

2.关注精确性。我们再一次将目标放在当前的活动使用正确的肌肉收缩量上，所以在训练和训练指导时，需要有针对性。例如，在腿部划圈过程中，我们希望深层髋关节肌肉（主要是腰大肌和深层的髋关节回旋肌）优先激活起来，以便在其他髋关节肌肉做腿部旋转动作时，将股骨头控制住并保持在髋臼正中（图2.27a）。如果这个锻炼没有针对性，则表层肌肉（股直肌和TFL）很容易接管动作（你应该知道"髋关节屈肌收紧"的感觉），从而破坏旋转的理想轴心，导致髋关节紧张、研磨以及过度的关节压缩（图2.27b）。久而久之，这个不理想策略会导致髋关节损伤、关节盂唇撕裂，并最终导致退行性关节疾病。

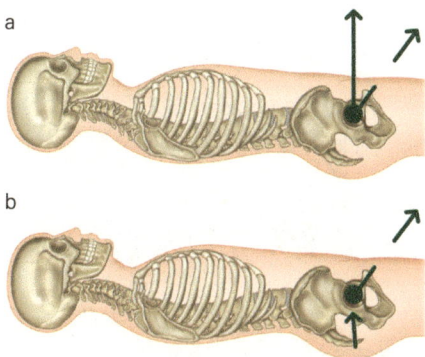

图2.27 （a）深层和表层肌肉达到理想平衡的情况下，在髋关节屈曲、放下大腿时，股骨头被控制在髋臼内（b）深层和表层肌肉之间失衡时，髋关节不受控制，导致放下大腿时，股骨头在髋臼内的位置外移

3.收缩后放松。发展高效核心稳定策略的一个重大部分就是拥有在不需要时关闭肌肉或者放松肌肉的能力。更深层肌肉抑制（肌肉缺乏理想的激活和协调）的一个主要问题，就是表层肌筋膜系统后续的代偿和使用过度，将表层肌筋膜系统作为主要的稳定机制。这些肌肉慢慢地变得激活过度，紧张亢进。如果深层肌筋膜系统的功能不能恢复，表层肌肉持续地处于非常激活状态，会变得越来越难以放松或关闭。例如，研究已经表明，如果有下背部的慢性疼痛，会在深层肌肉之前就将表层肌肉激活起来，而放松这些肌肉可没有激活它们那么容易［贾卡布思（Jacobs）等人，2011以及拉德伯德（Radebold）等人，2001］。因为压缩力长期作用在关节上，这会成为一个严重而且普遍的问题。在训练、康复、表演时一定

要记住放松肌肉这一概念——换句话讲，在不需要时，要让神经系统关闭不需要的肌肉，这个能力与收缩肌肉的能力同样重要。

学习放松

对许多人来说，尤其是患有慢性肌筋膜紧张或过度紧张的人来说，发展高效的核心稳定策略时学习放松肌肉与学习何时收缩肌肉同样重要。在对核心重新进行训练时，要教会自己的神经系统如何激活深层肌筋膜系统，将这个激活与呼吸协调，然后才激活表层肌筋膜系统。

普拉提原则：专注（意识）、精确、呼吸对于放松高度紧张区域，促进锻炼之间以及锻炼后的整体放松都极为有用。

肌筋膜在机能障碍时的反应

深层和表层肌筋膜系统的另一个区别，是它们对于创伤/损伤的反应（表1）。虽然反应会有差异，但在有损伤、创伤、炎症时，深层肌筋膜系统通常都会有抑制和萎缩。作为反应，表层肌筋膜系统会变得过度激活，经常是紧张亢进；这是中枢神经系统调节的一个反应，为的是补偿关节稳定性的缺乏，减少对关节或软组织结构进一步的损伤。虽然在损伤的急性阶段应该有这个响应，但如果这个肌肉不平衡长期存在，那就成了问题，肌肉会收缩过多，收缩过快，在不需要时也不能完全释放（放松）。这是肌肉慢性紧张以及后续关节过度压缩、定位不理想的常见原因。

慢性肌筋膜紧张和关节僵硬属于表层肌筋膜系统的活动过度，通常还有过度压缩，因为肌筋膜系统的活动不平衡。久而久之，这个代偿策略会导致许多慢性肌筋膜紧张和肌肉不平衡，通常又会直接导致功能失调的姿势和动作模式，最终导致疼痛和退行性的软组织疾病和关节疾病。后面第4章将进一步研究这些替代的稳定策略和代偿模式。

小结

不论是运动、工作还是日常活动，理想的功能都由人体 TPC（核心）控制的发展决定。对 TPC 的功能性控制由神经系统、骨骼韧带系统、肌筋膜系统的协同实现（图 2.28）。这些系统达到理想作用时，人类需要的高效姿势和执行动作的能力就会提高，这个时候神经系统接收到信息，发出正确的指令，韧带系统提供合适的关节支撑，深层肌筋膜系统提前激活，移动和控制关节，表层肌筋膜系统进一步加入更高层次的控制和动作。

本章介绍了只有在深浅两层肌筋膜系统平衡时才能实现高效的姿势和动作。人体应该能够首先激活深层肌筋膜系统来提供关节稳定性，然后再激活表层系统形成所需的额外稳定性并发展理想的动作模式。在普拉提训练中，应该一直坚持两个肌筋膜系统之间的平衡。有了平衡，才会形成执行较低层次活动（如保持良好姿势、步行、弯腰）以及控制较高层次活动（如举重、体育运动）时稳定关节所需要的合适压缩量和减压量。两个系统达到平衡后，就会形成流畅、完整、协调的姿势和动作，也就是说，发展出符合健康有活力的策略。

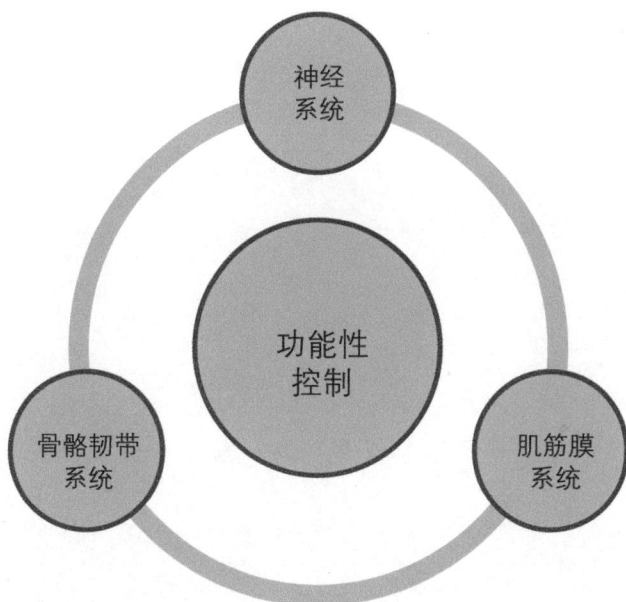

图 2.28　对 TPC 的功能性控制由神经系统、骨骼韧带系统、肌筋膜系统协同实现

发展核心稳定性 3

前一章讨论了核心的深层肌肉和表层肌肉，还介绍了张拉膜结构（tensegrity）如何调节肌筋膜系统中的减压力量和加压力量，从而构成TPC的稳定性。本章将介绍神经系统如何发展理想的TPC（核心）稳定性。

在最基本的水平上，核心肌群的基本功能就是保持躯干、脊柱、骨盆的稳定性。稳定性协助我们保持关节的理想对位，在运动过程中保持理想的旋转轴心。不论是保持静止姿势（如平板支撑），还是进行更加激烈的锻炼（如扭动模式或滚动模式），都要凭借核心的稳定性才能在保持理想的关节对位情况下安全地扩大动作范围（图3.1）。

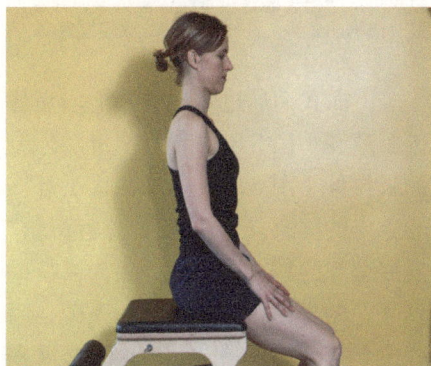

图3.1　不论是保持静止姿势（如坐立），还是在万能滑动床上进行动态锻炼，都要求核心的稳定性

本章将介绍：
- 核心稳定性的定义
- 如何发展理想的核心稳定策略
- 低级稳定策略和高级稳定策略之间的区别
- 控制在核心稳定性发展中的作用

本章还将讨论腹部内收（abdominal hollowing）和腹部外撑（abdominal bracing）在调动核心肌群时的作用，并演示在普拉提课程中能够提高核心激活能力的有效方法。在练习小节，将展开这些概念，并演示如何发展和坚持一个理想的稳定策略，让你的核心在运动和日常活动中都能保持一个高等级的功能水平。

稳定性的定义

日常生活中各种任务的复杂性和多样性，要求有一个高效而且适应性强的核心稳定策略。我们对核心稳定性的定义是："执行当前任务时的适时、适当控制"（奥沙，2013）。另一种说法是：在执行功能性任务时，人能够有效地控制自己的姿势和动作。要点不在于保持核心的稳定性，而在于能否采用当前任务所需的最佳策略（图3.2）。

图3.2　不论是弯腰挖沙子（图3.2a），还是抬起坐满孩子的独轮车（图3.2b），都需要针对当前活动的核心稳定性保持流畅、协调、受控。但是，在每项活动中，支撑躯干、脊柱、骨盆所需要的力量等级或强度等级是不同的。对每项活动都采用相同的力量（例如过度地外撑核心）恰恰代表这个策略没有效率，只会形成有缺陷的姿势、动作，还会导致慢性疼痛

下面我们通过对比长箱上的交替俯卧弯腿（图3.3a）和万能滑动床上的长拉伸（图3.3b），来深入了解核心稳定的概念。上述两种方法都适合发展理想的核心稳定性。因为模特得到长箱的支撑，每次只举一条腿，因此交替俯卧弯腿相对于平板支撑来说，要求更少的整体肌肉激活。两个

模式可以采用相同的稳定策略，深层肌筋膜系统首先被激活起来，表层肌筋膜系统则会在需要时激活起来。但是，激活强度会根据锻炼的要求而不同。

图3.3　（a）长箱上交替俯卧弯腿；（b）万能滑动床上做平板支撑/长拉伸

这里要强调的重要概念是：我们既需要高效的低级稳定策略（低级活动的要求），也需要高效的高级稳定策略。低级活动（例如静立或静坐、弯腰、转身、静息时的呼吸，以及漫步）并不要求肌肉付出很大的努力进行稳定。更高要求的活动，则对稳定性等级的要求就越高，包括快走、上坡或爬楼梯、跑步、运动时深呼吸、举起对个人能力有挑战的重物、迅速转动躯干抛球或者挥打高尔夫杆。

正因如此，教会学员对低要求的练习进行控制，例如交替俯卧弯腿

（图3.3a），与发展更高级别的模式（如平板支撑）的控制同样重要。许多人在坐、立、弯腰时经历慢性紧张或下背部疼痛的问题，总是错误地用高级别策略来应对这些低级别活动。换句话讲，他们为不需要高级别参与的活动过度地激活了表层肌筋膜系统。

为了理解这个问题发生的原因，我们必须考虑神经系统对于压力的反应。在发生损伤、创伤、关节发炎时，身体倾向于抑制深层肌筋膜系统。一旦被抑制，深层肌筋膜系统就不能向中枢神经系统提供理想的本体感觉反馈，导致中枢神经系统在姿势和动作过程中不能激活和协调肌筋膜系统来控制关节。为了不产生额外的关节压力或软组织压力，神经系统会加强对表层肌筋膜系统的激活来进行补偿。简而言之，这个策略确实对关节和软组织提供了一定程度的控制和保护。

但是，一旦这个策略成为默认的稳定策略，即一直使用这个策略，即使对相对低等级的活动也使用这个策略时，问题就来了。这就好比收音机的音量调节钮损坏，一直处于最大音量，没有办法调节音量，总是处于最大音量。

如果练习者的普拉提项目进展过快，还没有学习如何理想地预先激活深层肌筋膜系统，发展足够的力量和耐力以便在加大的负载下实现稳定，

就会发生严重问题：练习者会不可避免地屈服于更高等级的外撑策略，从而导致对表层肌筋膜系统使用过度。

我们回来看前面长拉伸时平板支撑姿势的例子（图3.4）。前面提到过，每个锻炼模式都要有与其强度匹配的一定程度的稳定努力。对普拉提新手，或者核心肌肉经受慢性紧张或慢性疼痛的人来说，常见的一种情况就是努力去稳定核心，却没有将肌肉激活到合适的级别，或者没有放弃对脊柱中立对齐的控制。你可能注意到，他们会移动骨盆、放平背部，在开始屈髋时，还会过度屈曲并会紧缩髋关节表层屈肌。

幸运的是，普拉提课程提供了很多机会，可以暴露这些不理想的稳定策略。以万能滑动床上的腿部动作（Leg Springs）为例：新学员会惊讶地发现，如果没有代偿，即使承担相对较低的负载也是多么困难。在努力寻找流畅地执行腿部划圈（Leg Circles）或青蛙腿（Frogs）所需要的深层控制的过程中，他们会说"这比看起来难得多"。但是，只有通过做这些貌似"容易"的锻炼，新学员才会学习"减量"（既要在思想上减量，也要在表层肌肉上减量）到足够访问深层核心肌肉的水平。如果他们一开始就尝试垫上双腿划圈（Doubl-Leg Circles）这样的锻炼，而不是首先发展深层的核心稳定性，就会过度拱起，并有可能扭伤下背部，使肋骨

外倾、使臀大肌夹紧、收缩腹肌来屈髋，同时下背部企图夹在一起。在普拉提中的移动方式提示了我们日常生活中用来稳定核心的策略。普拉提系列课程的美好就在于，它能帮助人们认识和发展更理想的策略。

图3.4　（a）平板支撑位置的中立对齐和控制。（b）过度激活表层腹部肌肉来稳定这个位置；（c）过度激活髋关节屈肌和竖脊肌。后两个是不理想的激活策略，是导致下背部、骨盆、髋关节功能失调并使失调持久的示例

案例研究

图 3.5 是一位有下背部疼痛的学员，不论是站立还是行走都疼痛。他伏案工作时不疼。他参加的体育运动包括每周踢一次足球。注意他胸腰部周围的竖脊肌有明显的过度紧张。为什么一个整天伏案工作、偶尔锻炼的人的肌肉会呈现出如此明显的张力呢？请观察他的坐姿。可以注意到他坐时采用后骨盆倾斜的姿势，不论是腰部还是脊柱的胸部区域都处于过度弯曲的状态。这不是一个理想的坐立姿势，会导致椎间盘和脊柱软组织的压力增加。

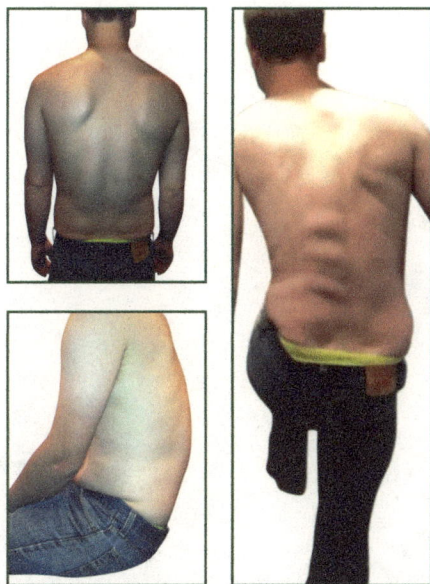

图 3.5　下背部疼痛：不理想的稳定姿势的后果

接下来，注意他单腿站立时的情况。注意，当他试图平衡和稳定自己时，他的竖脊肌活动增加。这是对相对低级的活动运用高级策略的典型示例。这也解释了为什么他在站立或步行时不适会增加：他必须过度地使用表层肌筋膜系统，才能实现所执行的动作需要的理想的稳定程度。我们的目标就是教会他改进稳定策略，帮助他更好地对齐躯干以及下肢，确定中心。另外，他还必须能够用正确的姿势支撑自己，不要过度地收紧或过度收缩表层肌筋膜系统。

普拉提的作用就是给身体提供选择。重点在于有不同的稳定策略可用，能够自发地运用对当前动作最合适的功能性策略。合适的策略来自深层和表层肌筋膜系统协同工作。深层系统控制节段性动作，表层系统根据需要加入更高层次的控制。发展两个系统的平衡贯穿了整个功能性核心稳定性的全部。

发展理想的核心策略

高效的姿势和动作来自拥有理想的、适合当前动作的核心稳定策略。这个策略应该有适应性，既能满足当前动作的需求，又不会加大身体任何区域的负担，负担加大经常发生在策略不理想时。训练有素地运用普拉提原则有助于发展良好的核心稳定策略，促进控制和适应性，满足体育运动、工作、生活的需求。

发展高效的核心稳定策略

前一节定义了稳定性，并指出要想拥有理想的稳定性，必须能够根据当下的动作变化策略。这一节将介绍能够产生适应性且高效的核心稳定策略的各种方法。

理想的核心稳定性要通过压力和紧张的组合来发展。拥有了综合而平衡的系统后，就能通过压力和紧张控制和/或抵御过量的剪力、张力、旋转力、压缩力。如果没有这个控制，动作就会产生重复性创伤，每次改变位置、举起物体、加速/减速身体时就会对关节产生过度压缩。

这一节将讨论以下内容：

· 在锻炼和生活中核心必须稳定对抗的力量；

· 腹内压力在核心稳定性发展中的作用；

· 呼吸和肌肉激活如何发展压力和张力来提供高效的核心控制。

初始对齐

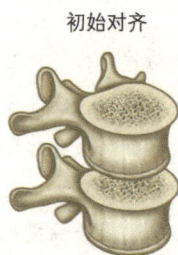

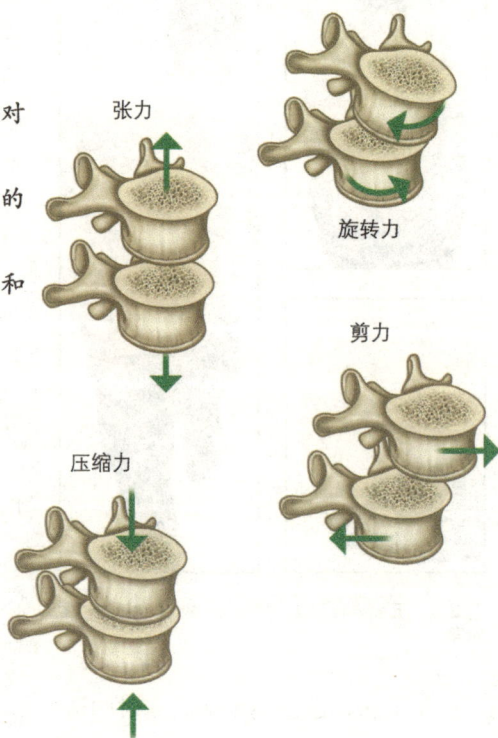

图3.6 关节在姿势中和动作时受到的力量示例。理想的核心稳定策略可以提供对抗这些力量的控制

稳定身体以对抗作用在身体的力量

几乎每天、生活中的每个动作，身体都会受到各种力量作用，如果不注意，这些力量会对人体的软组织和关节产生破坏性的压力（图3.6）。高效的核心稳定策略可以保护关节免受过量的张力、压缩力、旋转力、剪力损害，并有助于保持理想的姿势和动作模式（图3.7）。发展高效的稳定策略，有助于保持胸廓、脊柱、骨盆的灵活性，并能提供必需的支撑来轻松完成相对简单的呼吸、步行等动作，或者舞蹈、体育运动等需要高协同的任务。

张力

旋转力

剪力

压缩力

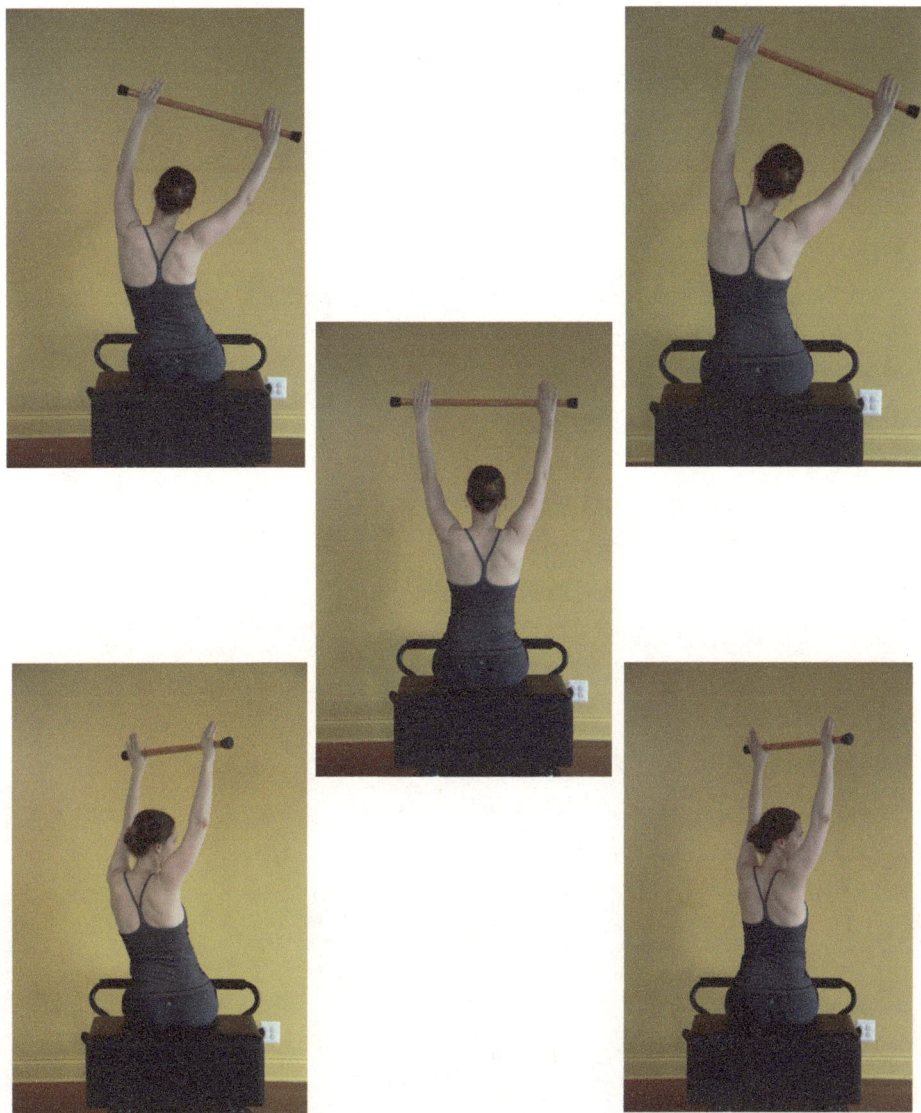

图 3.7　注意左侧图片对脊柱的压缩剪力，与右侧相同动作中减压的稳定性相对比

腹内压力

小学生理课就学到过呼吸对整体健康的重要性。通过吸气，人体的肺和心血管系统摄入氧气，并将氧气输送到全身；在呼气时，同一个系统协助排出废弃物。

但通过最近的研究，我们可以确定地说，理想的呼吸对于人体还有另外一个重要作用：稳定。研究已经表明，膈膜在呼吸和姿势中具有双重支撑作用［霍奇斯和甘得维亚（Gandevia），2000］。虽然TVA的动作和膈膜的动作是相对的（膈膜收缩扩大胸腔容量，TVA收缩则减少胸腔容量），两类肌肉都不断地作用于呼吸和姿势控制以及腹内压（IAP）的发展。

发展IAP是抵御外力，尤其是作用在脊柱、胸廓、骨盆上的压缩力的最重要策略之一。这些压缩力（图3.8）包括：

· 垂直向下的重力；

· 自身体重；

· 静息时被动的肌筋膜紧张，以及主动收缩时的主动紧张；

· 举起物体时施加在身体上的任何外部负荷；

· 足触地时传递给身体的力量（足触地产生同等大小的反作用力，向上传递回人体，直达核心）。

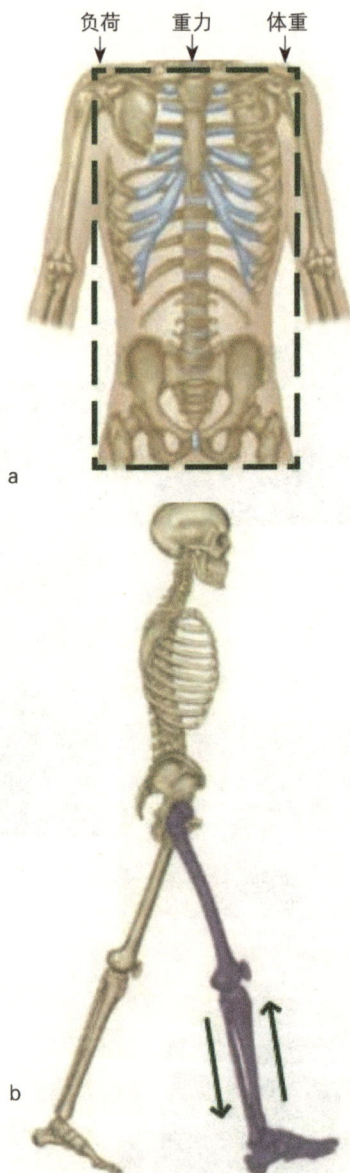

图3.8 （a）力量（包括重力、外部负荷、体重）会压缩脊柱；（b）地面反作用力（足触地产生的力量）受到功能良好的核心的控制

在拥有高效的稳定策略时，人体通常完全能够抵御所受到的压缩力。腹内压力是中和这些压缩力的最佳

策略；另外，腹内压力使人能够稳定核心，同时给关节减压。这样才能发展出稳定、协调、控制良好的姿势和动作。

形成核心稳定性

腹内压力是核心稳定策略的一部分，使人能够同时稳定 TPC 并给 TPC 减压。这使人拥有了形成核心稳定性，同时减弱过度压缩压力的能力。我们发现，加强呼吸时的意识，确保良好地运用三维呼吸方式，是改进姿势和动作、释放慢性肌筋膜紧张的最有效的策略之一。

可以用以下方式可视化地想象 IAP。假设要吹起放在纸板箱里的一个结实的健身球，假设这个箱子还装满一层层鸡蛋。球被吹起变硬时，它会大大地提高箱子的稳定性（即增强了防止箱子压坏的抵抗力）。实际上，此时坐在箱子上也不会把箱子或鸡蛋压坏。这要归功于球生产的内部压力和向外的稳定性。

现在请将胸腔和盆腔想象成围绕在鸡蛋周围的箱子，这两个腔内积累的压力（腹内压力）就是健身球。在这个模型中，腔内生成的压力负责稳定脊柱，保护内脏（鸡蛋）免受前面讨论的各种力量组合起来的过度挤压（图 3.9）。

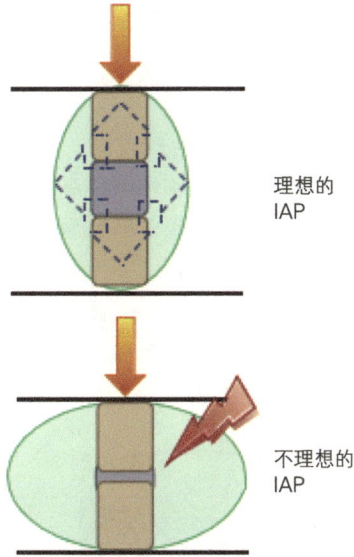

图 3.9　存在理想的腹内压力（IAP）状态时，身体能够抵抗压缩力，关节得到良好保护（上图）。但是，如果失去了产生腹内压力的能力，或者压缩负荷超过了人体能够处理的能力，关节就会过度压缩（下图）。正因如此，改善呼吸能力、达到深层和表层肌肉系统间的平衡才势在必行；这有助于发展出合适的腹内压力，在锻炼和生活活动中保持理想的对齐和控制

IAP 提供稳定性和对外部力量（重力、体重、地面反作用力）和内部肌筋膜紧张（肌肉的被动和主动紧张产生的力量）的抵抗能力。人体如何在胸腔和腹腔内部产生理想的压力等级呢？ 理想的呼吸方式与液压机的操作方式非常相似，通过这种呼吸方式可以发展出理想的压力等级。嘴和喉咙（或者更具体点，声壁）相当于液压机的进水区，胸部和腹部区域相当于出水区。膈膜和肋间肌收缩将湿润的空气（体内的压缩液）通过声壁运送到气管，并引起胸部和腹部区域

压力增加，形成受压而稳定的躯干、脊柱和骨盆（图 3.10）。

在呼吸期间如何保持腹内压力呢？ 腹部肌肉的活动（TVA 收缩）和胸廓周围肌筋膜结构的被动缩短，以及呼气时胸腔和腹腔直径变小，在膈膜上升期间保持相对不变的稳定性压力。通过这种方式，人体能够在整个呼吸循环中保持 IAP。

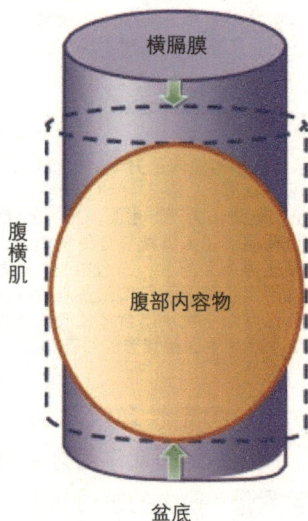

图 3.10　胸腔和腹腔理想压力水平的生成

前面讨论过，IAP 的作用是抵御垂直的重力、体重、肌筋膜拉力、外部负荷以及足触地时地面通过脊柱返回的反作用力（参见图 3.9）。它同时具有稳定躯干、脊柱、骨盆，并给这些区域减压的效果。

如果策略不理想，则这些力量会给脊柱施加压缩负荷，导致许多常见的脊柱问题，例如椎间盘突出以及躯干、脊柱、骨盆、髋关节的退行性骨关节炎变化。

没有 IAP 来削弱胸腔和腹腔产生的向下压力，加大的压力就会直接作用到盆腔。这会引起盆底肌的压力增强，久而久之，会增加尿失禁的风险，甚至导致长期尿失禁。接下来，许多人的髋关节肌肉会过度收缩以协助支撑盆底肌，从而导致髋关节的紧张，并发展成不理想的姿势和动作习惯。

特定的普拉提练习，例如预备式（Teaser）、卷腹（Roll-Up）、双腿上举（Double-Leg Lift）（图 3.11）会强化脊柱的弯曲，尤其是要利用 IAP 实现稳定，因为这些模式能够加大对脊柱的压缩力并将压缩力传递进骨盆区域。如果在运动时没有有效的稳定策略，这些练习会向下挤压腹部内容物，加大骨盆内的压力，给脊柱、下腹壁、盆底肌施加更大压力。这是尿失禁的一个普遍原因，因为盆底肌在设计上并不能抵御施加在它上面的全部向下压力。压力被横膈膜（呼吸的和泌尿生殖的）和腹部肌肉的协同作用所控制时，就会减少盆底肌受到的压力，这时它就能很好地控制大肠和膀胱的功能。

为了避免向下的 IAP 对盆底肌潜在的损害效果，在做这些运动时，一定注意要将腹部"膨起"。也可以

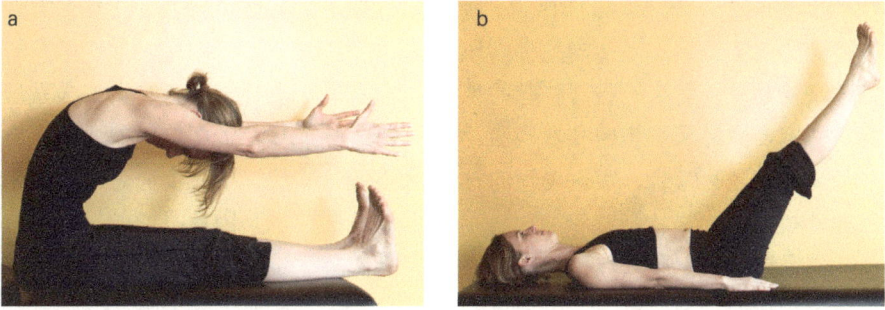

图3.11　（a）卷腹；（b）双腿上举

用带子和弹簧支撑，协助减轻负荷。运动时，例如做卷腹时将胸腔向前打开，是减少作用于盆底肌的下行压力的另一种方式［卡拉伊斯哲曼和莱森（Raison），2010］。这个动作将内脏柔和地抬起（与将它们向下推向会阴部相反，向下推在腹部外撑时很常见）。在这些运动中，还可以想象有张网或安全带轻柔地将内脏和其他器官向着胸腔抬起（不是暴力抬起；想象每次抬起不超过两厘米）；这样可以先激活起深层腹壁和盆底肌，确保合适的支撑。

呼吸也很关键。注意，在整个锻炼过程中保持流畅呼吸，喉咙打开，对于避免有害模式至关重要。在百拍式（Hundred）之类的锻炼时尤其要注意。强力呼气引导腹部内容物向下移动，有可能伤害会阴部（卡拉伊斯哲曼和莱森，2010）。降低负荷位置（脚向下或处于桌面位置）以保证安全，留心本书最后一章讨论的运动感觉发展指标（例如保持深层核心连接）。

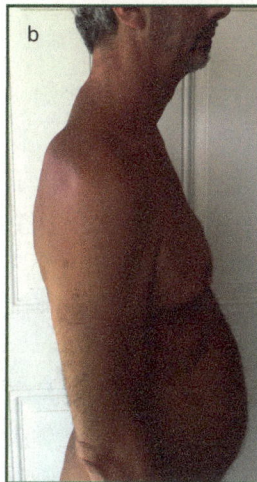

图3.12　（a）一定要激活起深层腹壁和盆底肌，并与受控的呼吸协作，实现理想的脊柱和骨盆支撑；（b）注意腹部的膨起或扩张，这是不理想核心稳定策略的示例

在图 3.12b（第 59 页）中，注意在过量的向下压缩不受适当的腹内压力策略控制时，发生了腹部膨起的现象。一定要激活深层腹壁和盆底肌，并与受控的呼吸结合，实现理想的脊柱和骨盆支撑。

要想在生活中有效地移动身体而不必采用压缩类型的策略，至关重要的是正确呼吸，以激活深层肌筋膜系统，发展姿势和动作需要的 IAP。接下来研究能够产生三维呼吸、形成腹内压力的方法，这对于稳定躯干、脊柱、骨盆是必需的。后面将演示如何将呼吸与深层肌筋膜系统的激活协调起来，发展更高效的核心稳定策略。这个策略包含并有助于提高对齐以及轴心、专注、呼吸、控制、精确性，最终达到流畅。本质上讲，这个策略将所有普拉提原则综合到一套简单的锻炼进度当中。

发展三维呼吸，激活深层肌筋膜系统

发展对中立对齐的意识和控制，是发展更高效的核心稳定策略极为重要的部分。中立姿势指的是关节处于负荷相对较低的位置，也可以将这个位置看作生理上高效的位置，因为只需要最少的力量就能维持。后面要研究的一件事就是保持不理想的姿势、做合成动作模式时，肌筋膜活动是怎么增加的。已经表明中立姿势是激活深层肌筋膜系统肌肉（例如腹横肌和盆底肌）的最佳位置之一（理查德森等人，2004）。

我们还发现，因为有太多人发展了不理想或代偿的姿势策略，所以对大多数人来说，中立姿势是最难找到和控制的位置。因此我们的目标是让身体对齐，帮助学员做到自己最中立的姿势。如果有慢性的姿势代偿，或者达到中立对齐有困难，我们会帮助他们尽量达到脊柱中立，同时放松表层肌筋膜系统。

虽然可以使用不同的位置，我们还是从仰卧位开始。目标是让身体能够支持头部、躯干、脊柱、骨盆的中立对齐。仰卧位也是人最早建立关节对齐、呼吸及核心控制的位置。因此，重回"快乐宝贝"的姿势，重新建立和强化理想的核心功能会非常有益（图 3.13）。

图 3.13　快乐宝贝的姿势

为了实现理想呼吸而对齐

要达到理想的呼吸、理想的核心

激活，头部、颈部、TPC 的关节应该中立对齐，彼此的中心上下对齐。这种位置有助于实现理想呼吸和稳定所需要的关节对齐和肌肉激活模式。

目标是在 TPC 对齐的时候，头部中立地与躯干排成一条线。站立时，从侧面看过去，理想情况下垂直线应该从耳朵中间落下，经过颈椎下部，然后到达胸椎中段前面。目标是让自己或学员在类似的位置对齐，确保从侧面看来头部处于水平位。这个位置至关重要，因为需要头部和颈部处于让深层颈部屈肌活动最优的位置，这些肌肉才能正确地协助保持颈部稳定性，将斜角肌和胸锁乳突肌的利用降到最小，后两块肌肉主要负责头颈向前伸的姿势。

胸廓位置应该让下胸部（胸廓下口）打开，向着骨盆打开。脊柱从前面看和后面看应该是条直线，从侧面看保持自然曲线。骨盆应该在胸廓下方与之中立对齐，对称地落在外侧股骨头上方。

如果有严重的探头姿势，在俯卧时很难达到正确体位，如图 3.14 所示。在这种情况下，可以在头部、颈部、肩部下方加上支撑物，帮助他们尽可能做到中立，使关节受到的压力最小（图 3.15）。双腿抬起，髋关节和膝关节弯曲，骨盆保持自然位置。

除了对齐核心、躯干、脊柱、骨盆的骨骼，中立位还让人能够对齐 TPC 的三个横膈膜：胸廓上口（横

图3.14　（a）站立时头部和 TPC 对齐良好；（b）仰卧位对齐良好。注意与前面讨论的快乐宝贝位置的相似性，这个位置可以支持良好的呼吸和肌肉激活

图3.15　可以用毛巾支撑或枕头支撑，帮助有枕部外展或胸椎后凸严重的人对齐头部：（a）不理想位置；（b）理想位置

筋膜层覆盖在双肺顶部）、呼吸横膈膜、泌尿生殖膈（盆底肌）。这些横膈膜的对齐有助于将压力调整到不同的体腔内，支撑周围器官。另外，更好的 TPC 对齐和横膈膜对齐更好，将

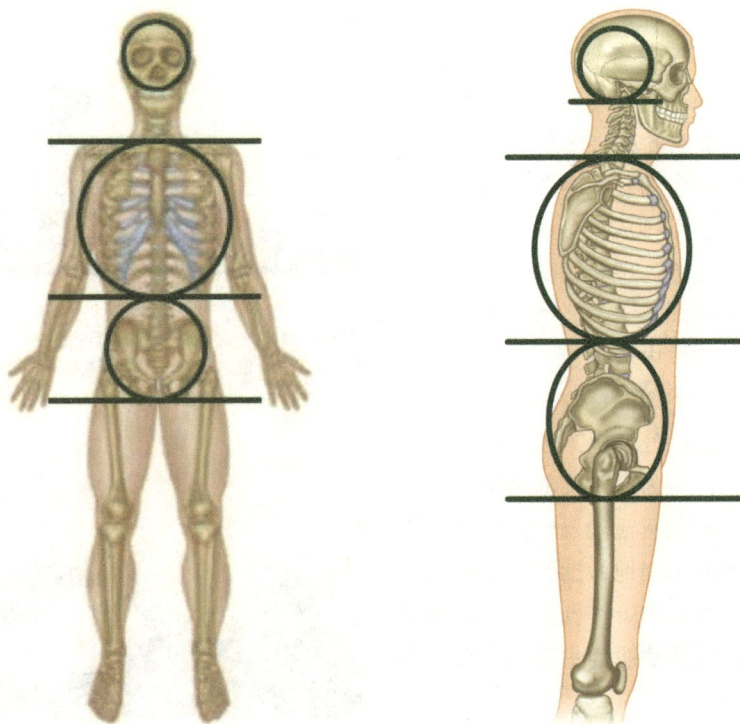

图 3.16　横向筋膜覆盖胸廓上口、呼吸横膈膜、泌尿生殖膈（盆底肌）。头部、颈部、TPC 对齐理想时，三个横膈膜既是压力调节器，又是悬挂支撑系统

提高对躯干、脊柱、骨盆周围代偿肌筋膜紧张过度的缓解能力（图 3.16）。

　　胸腰关节（TLJ）延伸过度可以导致理想 TPC 对齐的缺乏，TLJ 是胸腔下部和胸椎与腰椎相连的区域（图 3.17）。在这个位置，横膈膜没有对齐，不能支撑正确的呼吸，不能进行合适的压力调节。这个姿势也无法做到理想的腹横肌激活，还加大了对盆底肌的压力。

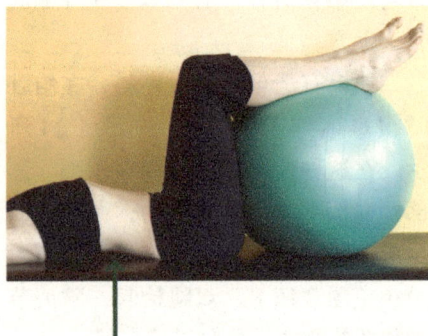

图 3.17　缺乏理想的 TPC 对齐的表现：胸廓下方张开，未与骨盆对齐

呼吸过程中胸廓和横膈膜的运动

　　不论是普拉提爱好者还是导师，理解和认识理想呼吸机制的构成都非常重要，因为这构成了发展高效的核心稳定性的基础。我们将讨论这些理想机制以及在帮助学员和患者发展或恢复理想呼吸的过程中发现的一些成功方法。我们最重要的目标是改善呼吸的机制，将其与深层肌筋膜系统的激活协同起来。我们不追求完美，只致力于不断进步，帮助每个人建立更高效的策略。我们不断地看到，一个人学会了如何呼吸以及激活其深层肌筋膜系统后，在姿势上获得了巨大改善，在力量上获得巨大增强，并有效缓解了慢性肌肉紧张。

　　关于呼吸有一个要点要说明：改善三维呼吸会在以前呼吸效率不高的人身上产生巨大效果。对这些人来说，关键在于慢慢开始，不要过于急迫地改善呼吸机制；不要强迫呼吸。要让他们将意识引到可能无法良好呼吸的区域，轻拍他们以鼓励三维呼吸，开始时呼吸频率要低（每次1～3下）。然后在周期之间让他们恢复自己正常的呼吸策略。在学员发展更高效的呼吸策略时，会出现轻微头痛或眩晕；如果出现这种情况，要让学员立即停止，恢复他们正常的呼吸节奏和深度，直到自我感觉恢复正常为止。

　　· 吸气：吸气时，膈膜和肋间的收缩导致肋骨打开，就像手风琴打开一样。膈膜相对于静息时候它在胸廓中间的位置向下移动，将腹部的内容物向下推向骨盆：因此下腹部在吸气时膨起。胸锁乳突肌、斜角肌、胸小肌收缩协助提升胸骨和上面的肋骨，协助胸廓前后扩大。肋间肌和肋提肌协助扩大肋间隙（即肋骨间的空隙），协助胸廓变大（图3.18－图3.20）。在胸廓后面，上后锯肌提升上面的肋骨，下后锯肌和腰方肌将下面的肋骨向下拉，从而从上到下扩大胸廓。

　　在静息呼吸时，腹部肌肉相对放松，使胸廓也可以轻松运动。在锻炼呼吸或费力呼吸的过程中，腹部肌肉对抗腹横肌和肋间肌的作用；这个动作可以增加躯干、脊柱、骨盆的稳定性。

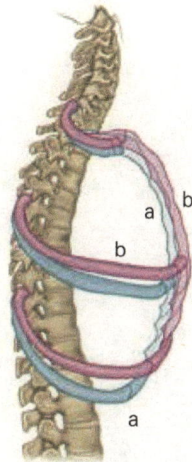

图3.18　胸骨和肋骨在呼气结束时的位置（a）；吸气时，胸骨和肋骨都提升，扩大胸廓的前后维度（b）

· 呼气：呼气期间的动作实际就是吸气期间动作反过来。膈膜离心收缩（拉长）上升进入胸廓。肋间隙变小，肋骨彼此靠近，胸骨也因为控制它的肌肉放松（实际是离心收缩）而降低，从而缩小了胸廓的容量。

吸气期间，TPC 周围的肌筋膜结构产生的相对被动紧张，以及胸廓内压力的变化（吸气后胸腔内压力更大），也导致胸部体积减小，从而反射性地促进呼气。

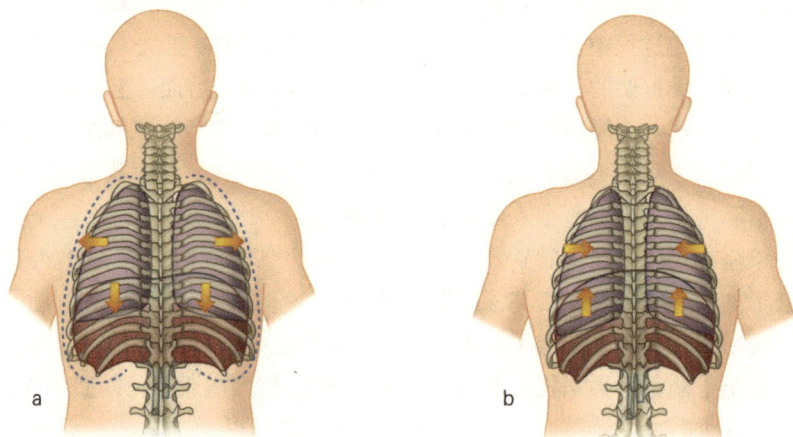

图 3.19　吸气（a）和呼气（b）期间 TPC 的背面

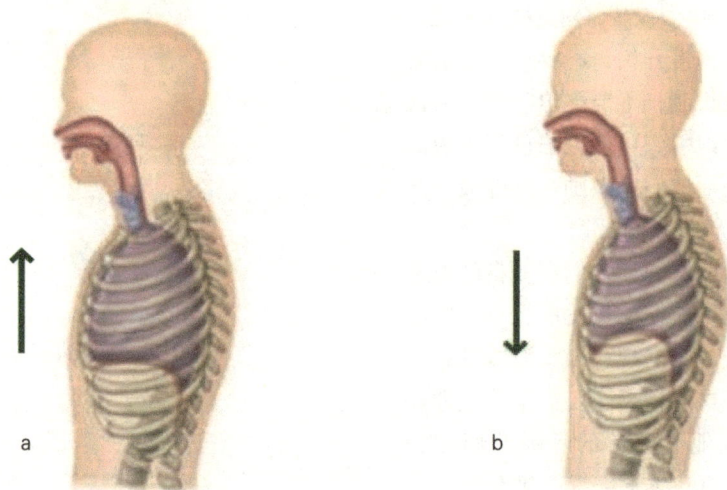

图 3.20　（a）吸气时，胸骨向上旋转，肋间隙加大，膈膜下降，从而扩大胸廓体积；（b）呼气时，膈膜上升，胸骨下降，肋间隙变窄，从而减小胸廓体积

理论上，呼吸肌在生理功能上分为主呼吸肌（即主要负责）和辅助呼吸肌（意味着协助主肌肉）。虽然肯定有的肌肉有不止一个主要作用，但表3.1列出的多数肌肉不论属于哪一类，在发展理想的静息呼吸或安静呼吸策略时都有显著作用。

多个肌肉，包括胸骨肌的肋提肌还没有得到充分的研究，所以我们还不知道它们在呼吸机制或核心稳定中的确切功能。目前我们只能推测，由于它们固定在胸廓上，所以在呼吸中肯定起作用，因此在姿势控制中也肯定有作用。

表 3.1　呼吸肌

主力肌肉	辅助肌肉
横膈膜——呼吸	胸锁乳突肌
斜角肌——全部三个部分	锁骨下肌
上后锯肌	胸小肌
下后锯肌	上斜方肌
胸骨肌	肩胛提肌
胸横肌	前锯肌
腰方肌	竖脊肌
腹部肌	
肋间外肌	
肋间内肌	
肋提肌——短肌和长肌	

在平静呼吸期间最活跃的肌肉通常列为呼吸的主力肌肉。如果这些肌肉受到抑制或发生功能改变，则对姿势和稳定会有严重影响，此时辅助肌肉（主要是胸锁乳突肌、上斜方肌、肩胛提肌、胸大肌）为了协助呼吸而变得过度激活。稍后我们会进一步研究肌肉抑制、肌筋膜过度紧张和压力在有缺陷的呼吸机制以及代偿稳定及动作模式发展中的作用。

重新训练理想的呼吸策略

从仰卧位开始，双腿抬起支撑（与快乐宝贝姿势相似）对大多数人来说都是最容易的呼吸重新训练姿势。这个姿势在重新训练理想呼吸中有多个作用：

1. 是实现脊柱、躯干、骨盆中立对齐以及三个横膈膜对齐的最佳姿势。

2. 是对关节和椎间盘压力最小的姿势，因此更容易在呼吸期间加强胸廓完全伸展所要求的关节动作。

3. 在这个姿势下，重力对脊柱的影响最小，因此有助于将影响胸廓理想扩展的过度肌肉紧张放松下来。

4. 地面或垫子表面对背部的压力提供的运动感觉反馈，可以增强意识，帮助运动者自己监视头部、躯干、脊柱、骨盆的位置。

5. 这是人类从孩提时代起发展理想呼吸和稳定时的最早姿势之一，所以我们的神经系统很熟悉这个姿势。

我们将用三个步骤来重新训练呼吸，按首字母顺序称为呼吸和稳定的功能性 ABC：对齐（alignment）、呼吸（breathing）、协同（coordination）。

第 1 步——对齐

学员提起双腿，让髋关节和膝关节均成 90 度。髋关节僵硬或活动性受限的人，髋关节角度可能略大于 90 度，膝关节略微远离头部。如果在家里做运动，双腿可以靠在咖啡桌、椅子上，在运动馆里可以使用抗力球（图 3.21a）。但是，由于球比较小、稳定性一般，所以髋关节无法保持在它的解剖体位上，无法让髋关节肌肉彻底放松，所以球不是理想的选择，这时举腿更合适。如果是在没有支撑的地方训练，完全可以采用屈膝仰卧姿势：膝关节弯曲，双脚平放在地面上（图 3.21b）。

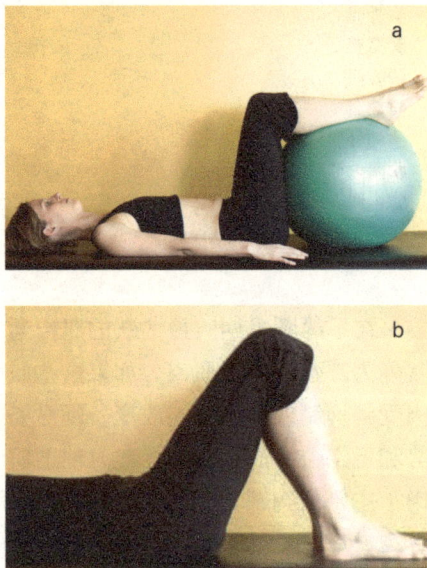

图 3.21 （a）双腿支撑在抗力球上；（b）屈膝仰卧

对许多人来说，释放 TPC 周围的慢性紧张可能有好处。骨盆倾斜和肌筋膜自我放松（SMFR）是在运动呼吸和激活核心之前活动髋关节和脊柱周围软组织的两个方法。

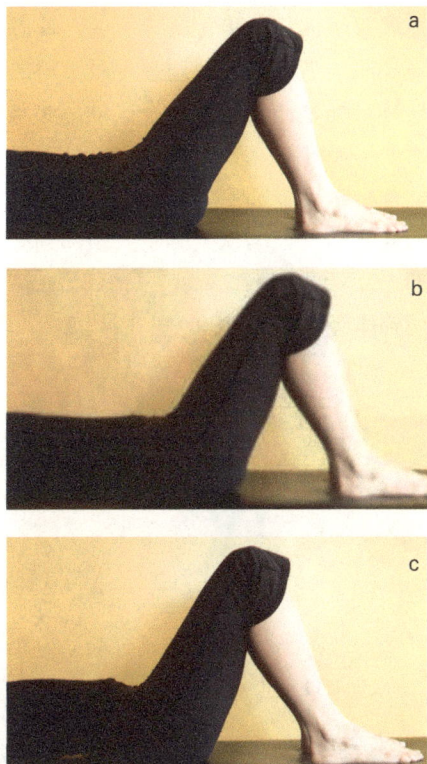

图 3.22　骨盆倾斜：（a）后侧骨盆倾斜；（b）骨盆中立对齐；（c）前侧骨盆倾斜

骨盆倾斜（图 3.22）有助于减少肌筋膜过度紧张以及对髋关节和脊柱的紧缩，帮助运动者在双腿处于支撑体位时更容易实现中立对齐。髂前上棘（ASIS）与耻骨联合相对处于一个水平平面时，运动者就处于骨盆相对中立的位置。骨盆倾斜是增强个人意识、熟悉自己骨盆动作的良好方式。对于减少髋关节和脊柱周围的过度紧张也很有效，还有助于骨盆和腰椎重新建立更中立的位置。

用球和泡沫轴放松软组织（下页图 3.23）对于释放胸廓、腰椎、髋关节周围的肌筋膜僵硬极为有益，可以让这些部位达到更理想的对齐。SMFR 对胸腰部连接处（胸腔底部和腰椎开始的地方）特别有效，很多人在这个位置都有慢性肌筋膜紧张和收紧。这个方法还可以用于实现更理想的胸部活动性，而这对开始重新训练呼吸也是必需的。在脊椎和肋骨上运动 SMFR 时一定要小心。如果患有骨质疏松，或者刚刚做过手术，或者有急性损伤，建议不要触动到骨骼，只触动躯干和脊柱的软组织结构，避免导致骨的应力性病变，甚至半脱位（脊椎错位）。

达到理想的准备姿势后，双腿或者支撑或者屈膝仰卧，运动者要连续交替执行 5 到 10 个前后骨盆倾斜，然后在可以找到的最中立的骨盆位置休息。为了找准这个位置，可以让学员将一只手放在自己的 ASIS 上，然后另一只手从肚脐开始，沿着下腹部下滑到耻骨联合上。这两块骨骼应该水平对齐。

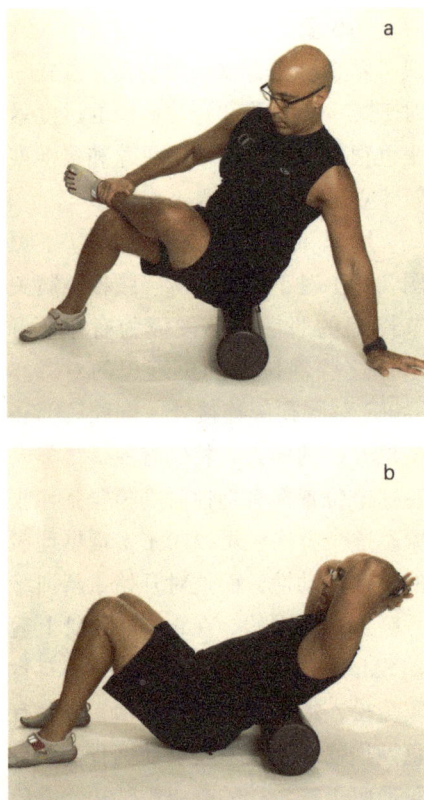

图3.23　用泡沫轴做肌筋膜自我释放（SMFR）
（a）髋关节；（b）胸廓

有时，只要摆放的位置能够让关节和软组织结构，尤其是横膈膜对齐，就足以将肌筋膜系统中过度激活的部分放松下来，自然地达到理想的呼吸模式。如果功能失调不太严重，或者功能失调时间还不长，那么对齐关节能够改善本体感受，激活合适的肌肉，促进理想的功能实现。一般来说，多数人都需要有针对性的重新训练，所以必须接受指导，学习如何正确地呼吸、用哪里呼吸，才能达到理想功能。

第2步——呼吸

达到理想对齐后，就可以开始重新训练呼吸了。按照第一步的要求，对齐骨骼和软组织结构，才能最好地发展理想的核心稳定所要求的正确呼吸和肌肉激活。发展理想呼吸策略的最终目标是让TPC的每个区域都参与整个呼吸机制。三维呼吸过程指的是，整个胸廓都参与呼吸动作：换句话讲，胸腔在吸气期间从上到下（顶部到底部）、两侧（边到边）、从前到后（体前到体后）都要膨胀（图3.24）。

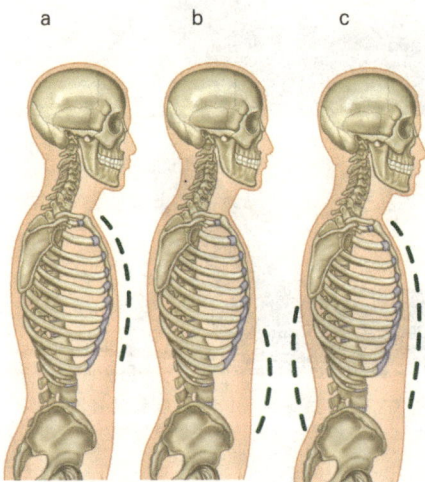

图3.24　注意不理想的呼吸策略：（a）突出的前上部或胸部；（b）突出的腹部。理想的三维呼吸如图（c）所示，整个胸腔和腹腔都扩大，甚至扩展到后面

刚开始做呼吸的重新训练时，将胸廓的各个区域分段（腹部、肋骨、后外侧），这样做起来通常更容易；

一般来说，从最容易的（腹部）向最困难的（后外侧）推进。呼吸重新训练的重要部分就是提高机制不理想区域的意识，以便运动者能够自行重复这个过程。在现有的习惯中找到意识，是促进变化最重要的一步，因为除非感知到，否则我们无法改变模式。

促成这种意识的最好方法就是熟悉自己当前的呼吸策略。现在采用的是完整呼吸还是浅呼吸？呼吸主要进入颈部、胸部、下腹部、胸廓还是背部？

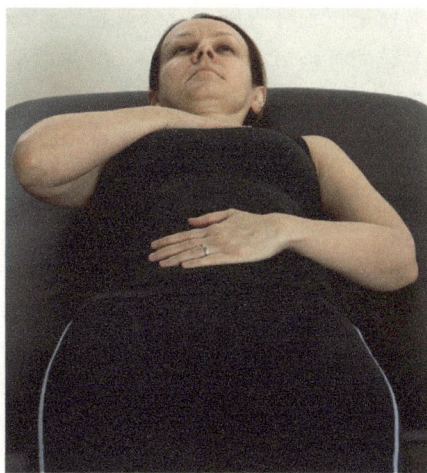

图 3.25　一只手放在胸部，另一只手放在腹部。感觉哪只手移动更多呢？呼吸理想时，应该感觉腹部的手先移动，而且比胸部的手移动更多

接下来。将双手分别平放在两侧下肋部。紧挨着胸腔的下沿。能否感觉到肋骨均匀地开合？这意味着呼吸期间理想的肋骨动作。现在检查背部，能否感觉到呼吸达到了仰卧的地面？这表示膈膜后面实现了理想动作，展开了胸廓背面（图 3.25）。

关注一个区域

在重新训练理想的呼吸策略时，通常有必要一次只关注一个区域（腹部、肋骨、后外侧），以确保正在采用正确的机制，并达到了全部三个区域。这个分区域关注也有助于让动作更有意识，注意力更集中，更有目的性，这可以加强运动的收获。

腹式呼吸

第一个，通常也是最容易观察和开始重新训练的地方就是腹式呼吸。需要澄清的是，技术上并没有"腹式呼吸"这回事。膈膜收缩时，将腹部内容物下推，随着腹部内容物被向下推进腹腔，可以感觉到腹部区域的膨胀。这就是所谓的腹式呼吸。

为了协助腹式呼吸、判断是否达到理想的横膈膜收缩，将手指放在外侧 ASIS 内（图 3.26）。现在吸气，看是否能够感觉到下腹壁向外推手指。理想的腹式呼吸在强大的横膈膜收缩协助下，应该在下腹部将手指推出。下腹部之所以推手指，是因为膈膜将腹部内容物向下推，可以感受到腹壁因此向外膨胀。

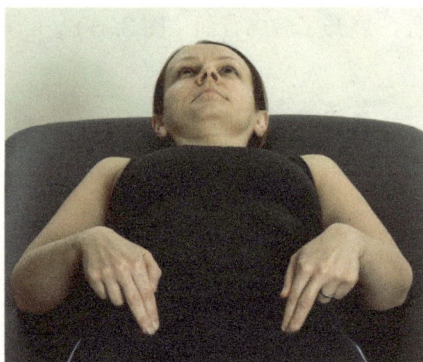

图3.26　在腹式呼吸期间，下腹部三个维度都应该膨胀。应该能够感受到手指在吸气期间被下腹壁推开

如果手指没有被腹壁推开，就说明可能有什么抑制了横膈膜的理想动作。

常见原因有：

· 腹壁僵硬或缺陷，限制了前侧扩张。

· 因为脊柱长期处于胸腰部伸展位置，导致关键力量缺乏（将膈膜限制在吸气位置，阻碍膈膜在吸气过程中下降）。

· 上胸部和颈部呼吸过度。

· 由于之前的腹部或骨盆手术（剖腹产、子宫切除、膀胱切除等）导致腹部筋膜或内脏（器官）粘连或疤痕组织形成。

普拉提锻炼

我们已经发现，在众多的普拉提锻炼中，弓背变体（Round Back Variations）、膝关节拉伸变体（Knee Stretch Variations）以及大象式（Elephant）是可以很好地教授和增强腹式呼吸模式的几个锻炼。它们的说明和图片，以及其他锻炼的说明和图片，参见第6章。

虽然我们已经获知腹式呼吸（通常也称为肚子呼吸）是理想的，但它也只是正确呼吸的一部分。它比胸部主导的呼吸策略略好一些，但并不是我们努力的最终目标。所以，我们接下来继续学习发展理想的三维呼吸策略的另一部分，即肋骨呼吸或外侧呼吸。

胸式呼吸或横向呼吸

胸式呼吸或横向呼吸指的是胸廓能够向外侧或者向两侧扩张。膈膜收缩拉紧中心肌腱，并将之推开进入胸廓。可以将这想象成开伞：随着向上推动伞中间的推杆，伞面周长变大。类似地，在肋间肌肉收缩的协助下，横膈膜收缩有助于提高胸廓的三维体积。

为了促进胸式呼吸，请将双手放在自己胸廓或学员胸廓的外侧，在胸的正下方（图3.27）。深吸气，将呼吸向外侧传送到双手，就像在吹起一只气球。为了在胸廓有肌筋膜压缩或僵硬时促进外侧肋骨扩张，可以在吸气的前半阶段轻轻压缩胸腔，然后在吸气的后半段慢慢松开按压。

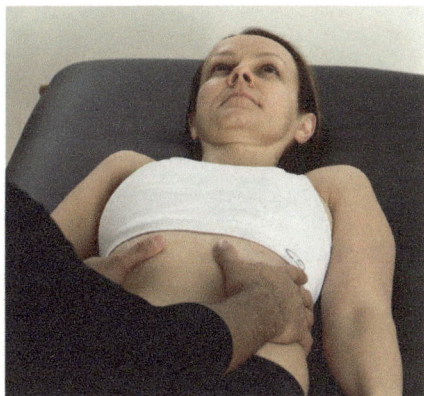

图 3.27　轻触感受胸廓的肋骨扩张。如果前胸廓抬高或僵硬，可以轻轻地将胸廓前侧向下方牵引，或者向着脚部牵引，以加强呼气

　　胸腔的外侧扩张受限很常见，尤其是胸廓僵硬的人，会卡在胸廓抬高位置或吸气位置（图 3.28）。在呼吸周期的呼气阶段，轻轻地向下向内牵引胸廓，并在吸气阶段将其轻轻控制住，不让它过度抬高，有利于缓解侧肋骨扩张的问题（图 3.27）。牵引要轻，不要引起疼痛。实际上是在促进呼气，这是胸廓随着膈膜提升而下移的动作。

　　向下牵引胸廓不应该引起颈部或上胸廓位置的变化，也不应该引起不适。实际上它应该将颈部后侧拉长，从而更容易接触到颈部屈肌。除此之外，还应该有助于胸廓相对于骨盆恢复更理想的对齐，从而更好地激活腹壁和盆底肌。

　　将双手轻轻地放在胸廓下方外侧。呼气时，轻轻地将胸廓朝下向着脚部、向着中间线牵引。这个动作要轻，因为你正将胸腔引导到一个位置，可以强化膈膜及其他呼吸肌肉对反射性吸气反应的促进，却不会拉紧其他可能抑制这个反射的肌肉。

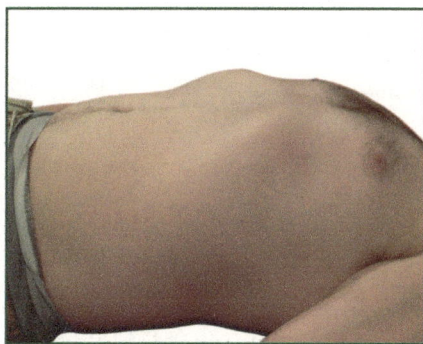

图 3.28　胸腔卡在吸气位置（注意，胸廓前下方非常突出）

　　有多个因素会引起胸廓外侧扩张障碍，包括：

　　·腹部过度紧张，尤其是腹斜肌 / 肋间肌 / 竖脊肌。
　　·胸廓手术（开胸）或腹部手术后疤痕组织和关节僵硬。
　　·胸腔卡在吸气位置，使得横膈膜缺乏主导力量

　　提高胸廓灵活性，是纠正许多有缺陷动作模式的关键，不仅是与呼吸有关的模式；下背部、髋关节、肩

部、颈部在不经意间也会受到僵硬的胸椎影响。这也是将三维呼吸模式纳入日常生活的另一个重要原因。

下面是提高胸廓活动性的一些锻炼：

用健身球或泡沫轴放松软组织。这个过程有助于释放腹部和竖脊肌肌筋膜的限制。可以使用各种尺寸和密度的健身球，各有各的好处：较大、较软的球适合整体活动性；较小、较硬的球适合放松紧张的竖脊肌。慢慢体验，相信自己的感觉。关于自我护理的触发点，推荐找本参考书来看。

为了得到更广泛的效果，运动时可以在双肩胛骨之间放一个香瓜大小的软球，躺在上面，屈膝、双脚放平。将脊柱从一边弯曲到另一边，给这个区域"按摩"。也可以将头部和肩部在球上向后伸展，尽可能地延长脊柱，然后上卷成卷腹，用腹部力量抬起头部和肩部（同时将骨盆稳定在中立位）。交替执行这几个动作几次。

泡沫轴与脊柱垂直滚动，也是提高这个区域活动性的另一个有效方法（图3.29）。膝关节弯曲，双脚放平，从肩部到下肋骨部位滚动脊柱（在浮肋上滚动时要注意，它们更薄弱）。可以用手支撑头部，防止颈部肌肉用力过度。

图3.29　泡沫轴滚动：（a）沿着脊柱；（b）与脊柱交叉

旋转模式

有几个普拉提锻炼采用旋转模式。它们可以解释胸廓活动性的以下重要原则：

· 稳定腰椎。

· 轴向拉长，给脊椎减压。

· 克服脊椎（以及肋骨）在旋转过程中的移动力量或剪力。

· 前后呼吸，对齐骨盆和呼吸横膈膜，稳定胸腰部连接处（参见下一节）。

· 有意识地关注脊椎关节，以便提高本体感受、功能、敏捷性以及控制。

从基本模式开始，然后逐步加大难度；这里会提供一些示例，更多细节参见第6章的纠正性锻炼一节。

短箱（Short Box）锻炼提供了一些最好的胸廓活动性机会（如侧弯、转体、转体触地、划船）（图3.30）。要加大本体感觉难度，还可以用站立弓步做许多运动。如果心态正确，那么外侧弯曲、旋转、弯曲、隔离的髋关节铰链、上滚模式这些运动永远不会让人感觉乏味。请密切关注上面介绍的原则，则感觉和难度会让这些运动生动起来。动作要有创造性。关于筋膜健康启发到的一些短箱锻炼，参见第6章的锻炼一节。

住）在地板上移动，类似于"擦地板"的动作。移动时，既要流畅、又要有轻微的跳动；拉伸并挪直脊柱，保持良好的感觉。转移到前方和外侧，呼吸，调整感觉有阻塞的区域（图3.31）。

图3.30　短箱锻炼示例

图3.31　美人鱼变体

还可以将相同的快乐感和探索感带给其他胸廓活动性锻炼，例如"美人鱼"（Mermaid）。在地板上，使用家具专用滑垫（双手扶

四肢着地锻炼也很有乐趣，例如无所不在的猫/牛拉伸，或者是这里和第6章锻炼一节（有更多图片）介绍的低弓步变体。

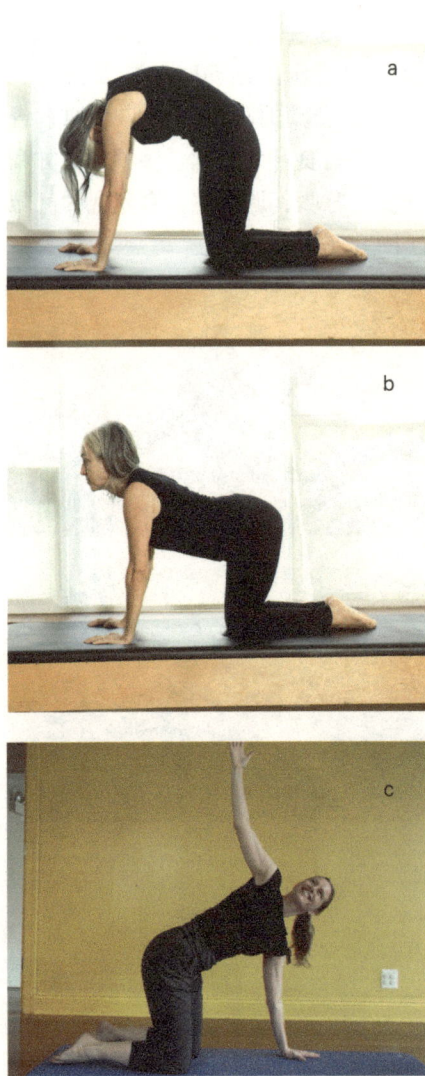

图3.32　四肢着地锻炼示例：（a）猫拉伸；（b）牛拉伸；（c）低弓步

· 猫／牛：不仅仅是交替弯曲和伸展整个背部，还要努力感受一节一节地连接脊椎，从而强化大脑对整个脊柱的心理图像。如果采用猫式拉伸，先将尾椎向着天花板方向卷起，然后沿着脊柱的每个节段逐一卷起，最后抬起颈部和头部。猫式拉伸恢复时，还是先从尾骨开始，向两腿之间卷起，缓慢地连贯到腰胸椎，一直到达头部。

· 四肢着地锻炼前屈和旋转模式（要加大难度，可以将一只脚放在前面形成四肢着地弓步）。举起一只手，向前伸过身体中线。轻轻地、柔和地抖动，目标是达到脊柱的深层回旋肌，延伸并探索对侧手和膝关节（如果脚已经前移，也可以是髋关节）之间的区域。不要停止。在身体与地面平行且高于头部的区域，向着支撑手臂持续进行这个脉冲式延伸动作。

· 前屈和旋转模式：四肢着地，将一只手向着天花板旋转离开身体中心，然后回到四肢着地姿势。侧屈：从中线开始向一侧转体，像瑜伽伸展侧角式（Side-Angle Pose）一样，手臂伸出与地面平行。最后是最复杂的模式：将前两个动作结合（转体和侧屈），形成自由泳模式。确保手臂动作从胸廓旋转开始，因为这可以保护肩关节动作不会过度，避免肩关节劳损或撕裂。

横向后侧

为了协助实现正确的后侧，要关注的最后一个领域就是横向呼吸区域，下肋骨和胸椎在这里与腰椎的上部区域连接。这个区域不仅对横膈膜的功能至关重要，对于充分发挥横向呼吸策略，让人发展理想的腹内压力、实现核心稳定，也至关重要。

这也是个很重要的区域，因为这是胸腰部连接处多个关键稳定器的肌筋膜交汇处：膈膜（后侧）、腰大肌、腹横肌、腰方肌。其中每块肌肉都通过筋膜与胸腰部筋膜融合，共同支撑 TPC（图 3.33）。理想的三维呼吸策略要求功能性活动期间稳定 TPC 的全部这些肌肉都参与进来。

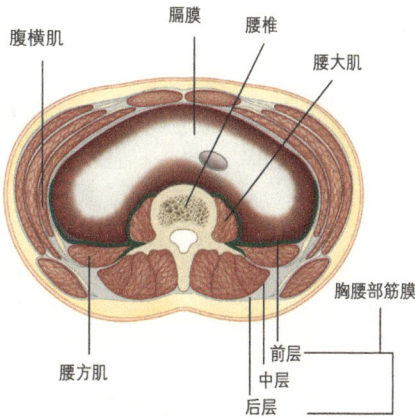

图 3.34　触摸感受后外侧肋骨的扩张

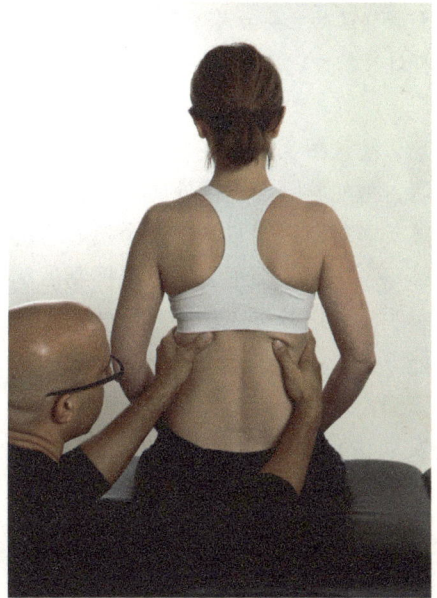

图 3.33　在胸腰部连接处区域，横膈膜、腰大肌、腹横肌、腰方肌与胸腰部筋膜融合。这些肌肉的协同激活，再与三维呼吸协作，就形成了高效的姿势策略和动作策略要求的稳定性

图 3.35　直立呼吸时触摸后外侧肋骨扩张。不论躺倒还是坐直，都应该注意到同样的扩张

为了更好地感受横向呼吸，请将双手放在胸部下方外侧，注意胸腔后侧受到来自垫子表面的压力。深呼吸到胸廓的这个区域，就像前面想象的吹气球一样。如果横膈膜的活动正确，那么在触摸髂嵴和第 12 肋之间的后外侧腹壁区域时，手指应该在吸气时被推出这个空间（图 3.34 和图 3.35）。

为了促进后外侧肋骨的扩张，如果胸廓受到肌筋膜压迫或者僵硬，那么在努力吸气到背部时，保持胸腔前部的压力会有帮助。胸廓僵硬卡在吸气位置时，可以在呼吸周期的呼气阶段，轻轻地向下牵引进入胸腔，限制胸腔的动作，控制吸气周期时胸廓过度抬高。

多个因素都会造成胸廓向外后侧扩展不力，包括：

· 由于有缺陷的稳定策略和姿势策略而继发胸腰部伸展加大。

· 腹斜肌外侧、后侧肋间肌、下后锯肌、腰方肌、竖脊肌过度紧张。

· 胸腔卡在吸气位置，导致膈膜和腹横肌的主要力量不足，以及前侧腹壁过度拉伸。

注意图 3.36 中的下背部疼痛的患者，他的胸腰部连接处向前扩展，胸腰部竖脊肌过度紧张。这个核心稳定策略不理想，却很常见，会抑制后侧膈膜活动以及整个核心系统的正常功能。这个策略也会增加对下背部的压缩力，对前腹部过度拉伸，使得无法发展稳定 TPC 所需要的控制。所以

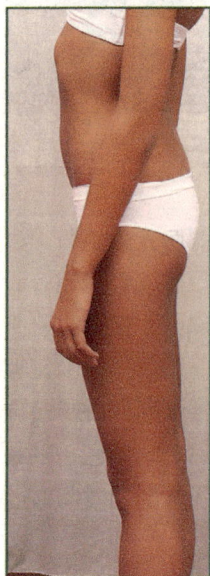

图 3.36　下背部疼痛的患者，胸腰部连接处向前扩张和胸腰部竖脊肌过度紧张

在呼吸期间必须释放肌筋膜的紧张，加强后外侧扩张，然后采取正确的姿势和动作引导，以恢复更理想的策略。

加强后外侧扩张的一些锻炼稍后介绍。普拉提锻炼，例如美人鱼式（Mermaid）、短箱（Short Box）、弓背（Round back）、膝关节拉伸（Knee Stretches）以及大象式（Elephant）（参见第 6 章），可以很好地训练胸廓的后外侧扩张。作为导师，将双手放在学员下背部和外侧肋旁，可以极大地帮助他们在心智上建立与这个区域的联系。集中注意力，在不同的姿势和动作中将呼吸扩展进这个区域：

· 直立或坐立（双臂放在身体外侧，双臂前伸，伸过头顶）。

· 转体。

· 身体前倾，向双腿折叠，或者采用称为婴儿式（Child's Pose）的瑜伽休息姿势。

· 侧弯（同美人鱼式）。

仰卧训练后外侧扩张（以及负荷下的胸腰部稳定性）对任何普拉提训练项目都是至关重要的一个部分。要引导学员放弃以前让 TL 连接处不稳定的呼吸习惯（缺乏与前肋的融合，同时横膈膜后部受限）需要极大的耐心和高超的技艺，但不至于一群普拉提学员都做不到自我认识并纠正这个对齐。

腿部滑动

双脚放平，膝关节弯曲，双手放在胃部。这是学习扩张后外侧肋骨最容易的姿势。从仰卧、膝关节弯曲、骨盆中立位置开始（图3.37）。

图3.37 腿部滑动

1.吸气，感受下背部肋骨的整体性。呼气，感受前部肋骨的整体性。用这个方法继续吸气，保持下背部肋骨在整个呼吸周期与垫子接触。

2.保持接触，将一条腿沿着垫子滑下。如果肋骨出现弹起的情况，立即暂停，将腿恢复到起始位置。按这个方法交替滑动双腿。

3.现在运动双臂。一只手臂向着天花板伸起，然后落回到地面。如果肋骨弹起，暂停并恢复到起始位置。按这个方法交替伸臂。

4.最后，滑动一条腿，对侧手臂向后伸，在整个过程中保持下肋骨与垫子接触。交替滑动。

注意

如果肩部紧张，那么在双臂后伸时，肩部会通过抬起前肋来"借用"额外的活动范围。弹起前肋的这个动作会影响核心的稳定性。

同样，如果核心薄弱或者下背部和髋关节屈肌紧张，则脚部下滑沿垫子伸直时也会导致肋骨弹起。这属于主从颠倒的现象。通过运动来掌握用骨盆中立和中立胸腔形成一个锚，使全部肌肉都可以达到自己的中立平衡状态。

踏步和抬腿

从腿部滑动可以进展到踏展，最后进展到抬腿（同时膝关节伸直）（图3.38）。

图3.38 踏步和举腿

1.第一步：从仰卧、膝关节弯曲、骨盆中立位置开始。一侧膝关节抬到髋关节上方，保持下肋骨与垫子接触。回到垫子上，换另一侧。

2.第二步：从桌面位开始（双脚抬离地面，膝关节在髋关节上方）。一只脚落到地面上，保持膝关节呈90度，下肋骨与垫子接触。将脚抬回初始位置。换另一侧。

3.第三步：举腿（修正的变体）双膝向着地面一齐下降任意距离，保持下肋骨与垫子接触，前肋形成一个整体。确保骨盆保持稳定，不要扭伤下背部。抬回到起始位置，重复。在变体3和4中，双腿远离身体时吸气，双腿靠近身体时呼气。

4.第四步：举腿（完全变体）。双腿完全伸直，向着地面一齐下降任意距离，保持下肋骨与垫子接触，前肋形成一个整体。确保骨盆保持稳定，不要扭伤下背部。抬回到起始位置，重复。

桥

在万能滑动床上：将头枕放低，加上2到5根弹簧（开始时重一些，并减小张力以加大难度）（图3.39）。

图3.39 桥

1.仰卧，两脚跟放在踏杆上，间距与踏杆同宽（踏杆在设备顶部）。

2.向上卷动（从髋关节开始）到最下方肋骨。换句话讲，最下方肋骨应该与垫子接触，而髋关节应该抬起。

3.深呼吸进入腰肋区域（胸腰部连接处），感觉肋骨向垫子扩展。轻轻地将前肋聚在一起，就像是收紧紧身衣一样。

4.双脚用力，伸展双腿，带动滑车离开踏板，并自然呼吸。努力保持腰肋与垫子接触。

5.将滑车恢复到起始位置，保持脊柱的位置（髋关节抬起，腰肋触垫）。

6.继续这个动作，吸气呼气，重点是吸气到腰肋区域，将前肋收紧成一个整体。

在垫上：仰卧，双脚放平，膝关节弯曲。与万能滑动床上类似，向上卷动，直到感觉胸腔底部压进垫子。如果下背部紧张，或者双腿后侧薄弱，那么刚运动时将骶骨顶在瑜伽砖上更容易成功。保持这个姿势，并深呼吸进入腰肋区域。要加大难度的话，可以抬起一条腿，然后抬另一条腿，同时持续地感受腰肋向垫子扩展。

靠墙天使

这个锻炼适合学员在家练习，并有很多好处，从打开和强化肩部到延长脊柱以及改善呼吸习惯。TPC对齐理想（即呼吸横膈膜和骨盆横膈膜是平行的），腰肋与墙接触，腰部略曲。加上手臂和肩部的伸展可以增加难度，因为紧张的胸部肌肉会从脊柱的中立对齐"借力"，将胸腔向前推动离开墙面。开始时，学员学习深呼吸进入腰肋，建立中立脊柱，加强墙壁提供的本体感觉反馈。可以让双臂离开墙壁，直到前面的肩部肌肉最终达到合适的长度。将双臂上下移动10次，深呼吸到背部，拉长颈部和脊柱（图3.40）。

图3.40　靠墙天使（a）不正确的对齐；（b）正确的对齐

不论是俯卧、直立、仰卧，还是其他姿势，关键是用合适的负荷训练这些胸廓稳定模式。从最小负荷开始，然后再发展到难度更大的变体（例如，从踏步开始，然后再发展到抬腿，掌握四肢落地模式后，再发展到平板支撑变体）可以保证身体和大脑能够将这些模式融为一体，并拥有承担更多负荷所必需的力量。

理想的呼吸频率

尽管关于每分钟理想的呼吸数量以及呼吸周期的每个阶段的长度有各种建议，我们一般采用以下原则：

· 理想情况下，每分钟应该呼吸8～12次。

· 呼气时间应该是吸气时间的2倍左右；这有助于肺部实现理想的排空，准备必备的神经驱动反射，有利于对应的吸气活动。

· 在吸气和呼气阶段之间，应该有大约1秒的停顿；这个停顿可以放慢呼吸频率，降低换气过度的可能性，在呼吸重新训练时经常发生换气过度情况。

运动时，可以采用以下呼吸模式：

· 吸气4秒（1、2、3、4）。
· 停顿1秒（1）。
· 呼气7秒（1、2……直到7）。
· 停顿1秒（1）。
· 重复这个周期。

呼吸功能失调严重的人可能按这个呼吸模式做1到2个周期就要恢复自己平时的呼吸策略。对于呼吸策略更理想的人，请做2到5个周期后再恢复平静的静息呼吸模式。随着学员的进步，他们的肌筋膜和肺部系统逐渐适应，可试着增加到3到5组，每组3到5次这种呼吸方式。最终做几组、每组重复几次的重要决定因素取决于能否在没有代偿的情况下理想地完成这个模式。当然，终极目标是将这个呼吸策略变成日常的呼吸方法。

发展理想呼吸模式额外的好处

除了供氧和稳定之外，建立三维呼吸提供的三个额外好处很值得一提，因为它们直接与我们的脊柱健康和整体健康有关。

1.躯干和脊柱的活动性。膈膜在收缩和拉动它在躯干和脊柱上的附着点时，会将脊柱柔和地带动起来。因为横膈膜围绕胸廓固定，因此它的运动也会带动整个躯干和脊柱。因此，三维呼吸有助于激活躯干和脊柱的活动性，躯干和脊柱的活动性反过来又有利于三维呼吸。

2.按摩脏器。活动性和器官血流对于健康的内脏系统至关重要［维特勒（Wetzler），2014］。膈膜位于腹部脏器的正上方，肺和心脏的正下方。膈膜收缩时，向下推动进入腹部内容物，为上面的肺和心脏创造空间。膈膜的活动性实际上可以按摩和带动脏器，同时促进血液和淋巴在腹部和骨盆区域的流动。

3.管理情绪。理想的呼吸是给工作带来意识和注意力的最有效方法之一，对管理情绪压力也有巨大帮助。做横膈膜或三维深呼吸能够将身体迅速地从交感神经系统主导的策略（通常在压力、焦虑、挫折时，特点是浅而快速的呼吸）切换到副交感神经系统主导的策略，后者更有利于身体的休息和再生［奥沙，2012；优普瑞德（Umphred），2007］。

第3步——协同

对某些学员来说，只要改善他们的三维呼吸策略，就足以改善他们深层肌筋膜系统（横膈膜、腹横肌、腰大肌、盆底肌、腰方肌、多裂肌）的动员和激活。但在有肌肉抑制时（尤其在已经成为长期问题或者做过腹部、骨盆、胸部、腰部手术时），需要采用特定的激活技术来激活或"开启"深层肌筋膜系统。

深层肌筋膜的激活必须与呼吸协同，因为深层系统的活动提供了对抗表层动作系统收缩或拉动所需的节段性关节稳定性。在这个协同能力中，膈膜和腹部与其余的深层肌筋膜系统一起，共同稳定TPC。有损伤、创伤、手术、炎症，或抑制正确呼吸或深层肌筋膜系统理想激活的其他压力因素时，对协同功能的影响最大。因此，真正的核心稳定性是能够将深层肌筋膜系统的激活与三维呼吸协同，并能够在任何功能性活动或普拉提锻炼中保持这一协同。

协同并保持

真正的核心稳定性是能够将深层肌筋膜系统的激活与三维呼吸协同，并能够在任何功能性活动中保持这一协同。

呼吸和核心激活的协同

我们将深层肌筋膜系统激活与腹式呼吸的协同策略称为呼吸激活策略（BAS）。BAS 不仅是外撑或同时激活核心周围的全部肌肉来形成稳定性。BAS 的核心是，我们提前激活或优先动员深层肌筋膜系统，并能够在呼吸过程中保持这一激活，只需很少或不需要表层肌筋膜系统的参与，除非特定的活动要求表层肌筋膜系统必须参与。

这点很重要，因为它使我们能够采用低层策略激活及建立耐力，而不会受制于只能使用高级的"外撑"类型的策略。这为我们提供了关节控制所要求的稳定性，同时还能发展低级活动（例如坐、立、弯腰、行走、转体）需要的理想的、非代偿的策略。

如前所述，由于肌肉抑制继发核心功能失调时，神经系统针对多数活动通常默认采用高级策略或外撑稳定策略。久而久之，这不仅影响三维呼吸能力，影响产生理想的IAP 等级，还会加大对关节的压缩，这是软组织损伤和退行性关节疾病的主要原因之一。

整合呼吸激活策略

BAS 使我们能够发展低层稳定策略，这对于激活和建立深层肌筋膜系统的耐力、将这个活动与三维呼吸协同来说非常重要。这是发展具备良好平衡和高效的核心稳定策略最重要的一步。

BAS 是为了提高运动控制而专门设计的，不是为了提高力量而设计的。运动控制指的是能够协调肌肉激活的时机、强度以及耐力，确保肌肉的激活适合所要执行的任务。运动控制还可以保证肌肉在需要时、按照需要的方式激活，从而形成理想的稳定性和动作。

只有在运动控制恢复后才可以进行强化训练，否则强化的就是失调的策略。在糟糕的运动控制之上的强化训练，就像是有缺陷的高尔夫挥杆动作继续发展，年复一年，从而"强化"已经养成的有缺陷的神经模式。相反，应该投入时间学习更理想的挥杆模式的精妙之处（协同、时机、控制），集中精力把理想模式引入目前的高尔夫运动。一般来说，开始时会很费力，但久而久之，就能掌握正确的神经模式，从而提高自己的高尔夫水平。

提高核心力量的普拉提模式将在第 6 章介绍；只有在发展了更高效的运动控制策略后才可以进行那些运动。

协调肌肉活动

运动控制是神经系统对肌肉活动时机、强度、耐力的协同控制，以保证肌筋膜系统按其理想方式工作，以形成理想的稳定性和动作。只有在恢复了运动控制后才可以进行强化训练。

BAS 从 TVA 前侧的激活开始，因为这是多数人最容易注意到并"感受到"肌肉动员的区域。

在前部可以感觉到激活后，我们还会进一步希望将外侧和后侧纳入进来。另外，激活 TVA 前侧可以增强激活外侧和后侧的能力，后面这两个部位的激活通常难度更大。

拥有了理想的呼吸策略后，将双手放在 ASIS 内。深呼吸，排出全部空气，现在屏住呼吸。在下腹壁（实际就是 TVA）形成轻微紧张，不要让手指过于压迫腹壁。

应该注意到手指下有轻微紧张，确保正在激活的是腹横肌而不是腹斜肌。任何主动紧张、收紧或过度激活都会引起腹内斜肌和腹外斜肌激活，从而失去利用 TVA 增强脊柱、骨盆、躯干稳定性的能力。应该感觉到非常轻的紧张，就像一层塑料膜在手指下绷紧。如果手指被推出腹部区域，就说明有来自腹斜肌的代偿，这通常发生在试图让这个激活"更用力"或"更强硬"时；在恢复深层肌筋膜系统激活时，程度更高并不好。

在激活深层肌筋膜系统时，轻微才是好。

深层肌筋膜激活后，一边保持激活，一边采用三维呼吸方式吸气和呼气。彻底呼气后，轻轻屏住呼吸，看是否能感觉到 TVA 放松，以确保保持住了肌肉激活和三维呼吸的协同。尽可能多地重复这个策略。开始时可能有困难，但假以时日，这个过程会越来越轻松，最后就能毫不费力地在三维呼吸时执行这个策略。

激活腹壁前侧之后，必须能够激活 TVA 的后外侧，包裹着胸腔和髂嵴顶部之间身体的纤维组织，并融合进胸腰部筋膜。将手指放在最下方肋骨和髂嵴之间，同时做横向呼吸。现在执行上述序列，激活前侧肌肉。深吸气，再全部呼出。屏住呼吸，形成轻微紧张，抵御手指对外侧下腹部的压力。深呼吸时保持这一激活。屏住呼吸，确保呼吸过程中保持这一激活。

许多理疗师和盆底肌专家采用的另外一个策略是激活盆底肌，而且它应该与 TVA 协同激活。首先激活盆底肌能够有效地实现 TVA 的协同收缩。对于生育后、子宫切除术后、前列腺手术后尿失禁的患者，这个治疗特别有帮助。

盆底肌（泌尿生殖膈膜）需要对抗横膈膜的活动，在受到不良呼吸习惯、创伤、手术影响时，则需要用类似 TVA 的方式激活。

有几种有效的策略可以激活盆底肌：

· 想象轻轻提肛、阴道（女性）或睾丸（男性）。

· 想象有一条紧张线将尾骨与耻骨背面连在一起。

· 想象在尾骨和耻骨之间有一个吊带或电梯，正在轻轻地将这个区域抬起来。

不论采用哪种做法，在重新训练 TVA 和盆底肌的激活时，骨盆对齐或腰椎对齐都不应该有变化，保持三维呼吸的能力也不要有变化。对齐如果有变，过度收紧臀大肌或髋关节旋转肌肉，或者屏住呼吸，都不是理想的激活策略，只会保持糟糕的稳定原型。

理想协同的频率和速度

最初发展的运动控制训练是为了恢复呼吸和激活之间的理想协同而设计的。它的目标是将深层肌筋膜系统的激活保持 1 ~ 3 个呼吸周期。发展出理想策略后，重点就转移到积累耐力，这可以通过增加组数和重复量来实现。开始时最多做 5 组，每组 5 次深呼吸，然后发展到在整个运动模式中都可以保持这一协同。BAS 训练的终极目标是协助发展潜意识里的稳定策略，不论在训练还是在日常活动中都保持这个策略（图 3.41）。

图 3.41 理想的核心稳定策略的发展，来自横膈膜（覆盖肺顶部的筋膜、呼吸横膈膜、泌尿生殖膈膜）对齐的能力，来自进行三维呼吸的能力，来自呼吸与深层肌筋膜系统协同的能力。在发展理想的核心稳定策略时，可以保持姿势，并能极为轻松地运动，因此不会发展出导致紧张、功能失调以及疼痛的代偿策略

实现核心稳定性

三维呼吸能够与深层腹壁协同，并能在功能性普拉提锻炼或日常活动中保持这个策略时，就实现了真正的核心稳定性。

呼吸激活策略的失调

理解理想的呼吸机制、理解它们与高效核心稳定策略发展的关系，对普拉提项目的设计和实现至关重要。同等重要的是，还要认识不理想的呼吸机制有什么表现。正如本章内容中简要讨论过的，不理想的呼吸机制会导致有缺陷的核心稳定性。有缺陷的稳定则会过度利用某些肌肉，导致肌肉不平衡，使姿势变形，进而引起更多代偿。

例如，前面讨论过的一个常见的功能失调会让很多人无法执行理想的三维呼吸（进而影响核心稳定），这个失调就是不能充分呼吸。有这个失调的人，通常有宽阔、向外展开的胸腔和突出的下肋骨（图3.42）。他们通常采用腹式呼吸，因此在呼气过程中不能将胸廓前方下拉。他们还会努力做横向呼吸，因为他们通常有胸腰部过度伸展的情况。

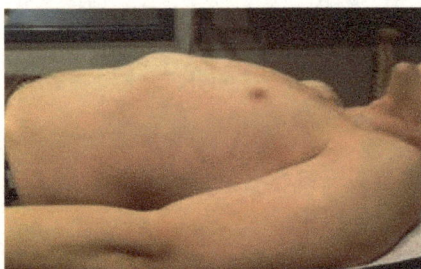

向外展开的胸廓和突出的下肋骨

做不到完整呼气、在呼吸周期过程胸廓恢复不到更中立的位置，会给发展理想的呼吸和腹内压力带来几大挑战：

· 抑制主呼吸肌肉的反射动作，反射动作原本应该促进下一次呼吸。因此，必须过度借助辅助肌肉来协助实现更完整的呼吸，从而导致这些肌肉紧张加剧，并形成头部和肩部前伸的姿势以及有缺陷的呼吸机制。

· 膈膜动作受僵硬的胸廓限制，不能下降到理想的休息对齐位置，因此对呼吸的作用减弱，导致辅助肌肉代偿性的使用过度。

· 缺乏理想的胸廓动作使膈膜不能以正常的模式移动；因此膈膜不能促进整体的胸廓和脊柱灵活性。这就加剧

了胸廓僵硬、膈膜活动性降低、辅助呼吸肌使用过度的恶性循环。

深层和表层肌筋膜系统不能平衡，不能通过三维呼吸产生IAP，虽然短期来看可能不是什么大问题，但日积月累，就会在系统中产生巨大变化。久而久之，不能利用高效BAS的后果对于整体功能可能会是灾难性的。

回顾前面那个内部由健身球支撑的装满鸡蛋的箱子的类比。假设拔下健身球的塞子，导致气体泄露。现在再坐在这个鸡蛋箱子上，会出现什么情况？球和箱子都会塌陷，鸡蛋就会被压碎。长期做不到理想呼吸，不能协同激活深层肌筋膜系统，不能生成内部稳定躯干和脊柱所需的腹部压力，就与这个情况类似。重力、外部负荷、自身体重、代偿高级策略的过度使用，都会逐渐地压缩脊柱。

不能理想地利用BAS会导致三大问题：

1.是退行性椎间盘疾病的首要原因之一，因为长时间的椎间盘压缩会导致椎间盘退化。椎间盘退化最终导致椎管和椎孔狭窄，其中：脊髓在椎管内，外周神经通过椎孔离开脊柱进入全身。脊柱的过度压力是人年老时退行性椎间盘疾病和椎管狭窄的主要原因。

2.也会引起退行性关节疾病，更常见的说法是骨关节炎。这只是沃尔

夫定律在生效：没有能力产生 IAP 给脊柱系统减压，导致骨骼或关节上的压力增加，从而促进骨骼生成，骨刺增长，脊柱周围的关节增厚。与椎间盘退化共同作用，骨的这种增长会缩小椎管和椎间孔的大小，挤压其中的软组织结构，例如神经和韧带。

另外，这个不理想的稳定策略会导致脊柱周围组织的肥厚，例如韧带和关节囊。黄韧带（支撑椎板或椎骨后侧的韧带）增厚是人变老时椎管狭窄和背部疼痛的另外一个重要原因。

3. 如果有理想的 BAS，就能将表层肌筋膜系统的收缩平衡掉，从而减少对关节的压力和挤压。IAP 是控制内部压力的重要策略；但是，如果为了稳定而过度收缩或使用表层肌筋膜系统，对下腹部和骨盆的压力就会加大。如果没有理想的 BAS 发展 IAP，外部压力和内部压力就开始挤压下腹部和盆底肌。有猜测认为，缺乏这个压力控制可能是运动人士腹直肌分离、下腹膨胀、运动疝气、运动尿失禁的主要诱因（奥沙，2014）。

腰大肌

腰大肌值得单独提出，因为它对核心稳定性有重要作用，对于下背部和髋关节功能失调也有重要影响。虽然并不打算面面俱到，依然要把这个经常被误解的肌肉讲清楚。腰大肌（图 3.43）的近侧附着在 T12 到 L5 椎骨的横突和椎体前面，还直接与椎间盘的前面连接。在远侧，它越过骨盆前方固定在股骨的小转子上。

如果只看它的起点和附着点，貌似腰大肌的作用就是屈髋关节。但是，如果我们相信腰大肌确实是髋关节的主要屈肌，问题就来了：为什么它要附着在每一级腰椎，甚至向上延伸到下部胸椎？更进一步，还有额外两个重要的附着区域，可以让我们进一步认识腰大肌的功能角色。

腰大肌在近侧通过筋膜附着在膈膜和腹横肌上，在远侧通过筋膜与盆底肌融合［吉本斯（Gibbons），2005］。实际上，研究表明腰大肌主要是个脊柱稳定器［胡（Hu），等人，2011］。仰卧位做单侧直腿抬升，可以激活对侧或不移动的腰大肌，这就暗示了它在脊柱稳定中的作用。

腰大肌还能参与深层肌筋膜系统的部分功能，有助于保持股骨头的重心在髋臼内（吉本斯，2005）。

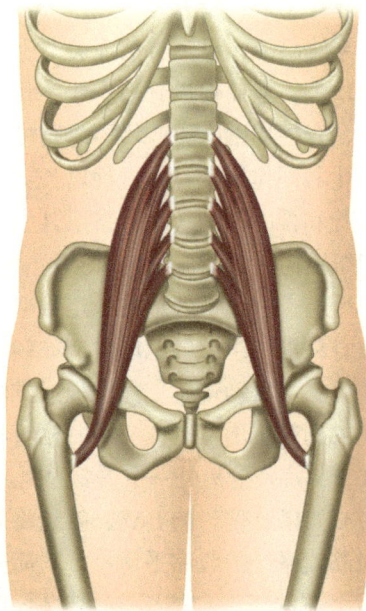

图 3.43　腰大肌

另外，对下背部疼痛患者的 MRI 研究表明，患者有多裂肌和腰大肌的萎缩［巴克（Baker）等人，2000］。前面讲过，有疼痛或炎症时，深层肌筋膜系统的肌肉首先会被抑制。

看起来，真的需要重新思考腰大肌对下背部疼痛和髋关节功能失调的意义以及在核心稳定中的重要作用了。

针对前侧骨盆倾斜、下背部疼痛、髋关节紧张的许多康复协议都以拉伸"紧张、短缩"的腰大肌为基础。根据我（埃文）的临床经验，很少发现有学员或患者的腰大肌短缩和紧张。实际上，我在有核心和髋关节功能失调的人身上进行手动肌肉检测时，经常看到的都是腰大肌过度伸长和软弱。这通常导致必须过度使用表层竖脊肌才能稳定脊柱，还必须过度使用表层髋关节屈肌（主要是股直肌和阔筋膜张肌）才能屈髋关节。

许多患者和学员者都诉苦说这些肌肉紧张，我们通常在他们身上也都会发现严重的肌筋膜过度紧张和触痛点。

有腰大肌抑制时，会收紧背部或髋关节前部来协助屈髋关节和支撑 TPC 的姿势（奥沙，2012；奥沙，2014）。

许多理疗师将骨盆前倾和腰大肌缩短归咎于坐姿。换句话说，他们认为我们全天采用骨盆前倾的坐姿，所以一旦站立就会缩短腰大肌反映出这个姿势问题。

实际上，除非有意为之，否则骨盆前倾的坐立姿势实际很难做到。多数人坐时通常会骨盆后倾而不是前倾（图 3.44）。坐立习惯和暗示习惯，例如"收紧腹肌""卷起尾骨"或"放平下背部"，导致骨盆后倾，才是引起腰大肌抑制的重要原因，并进而导致核心稳定性和髋关节控制的缺乏（奥沙，2012；奥沙，2014）。

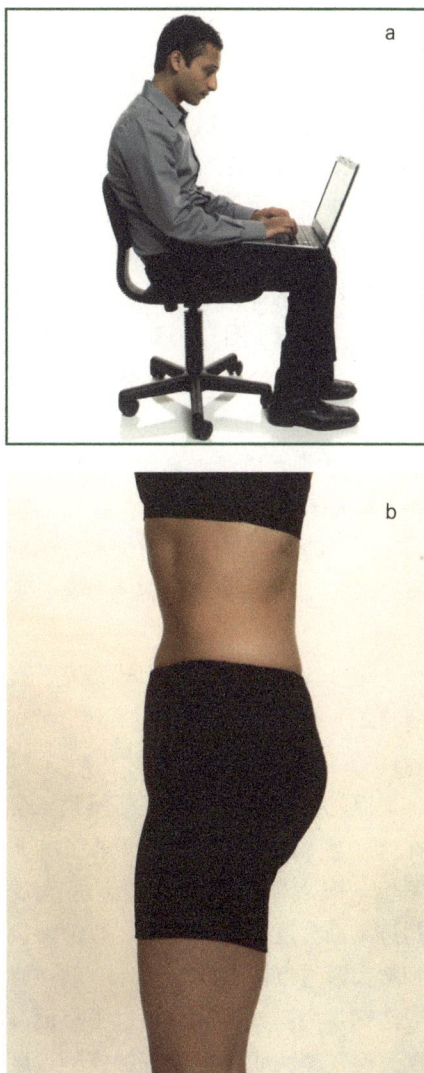

图 3.44　（a）用这个姿势坐立时，胸廓落在骨盆后，骨盆后倾。这个常见坐姿会引起腰大肌抑制，导致下背部和髋关节功能失调；（b）骨盆后倾和腰曲扁平的学员，一直受到过度暗示"收紧腹肌"和"骨盆前倾"。这个学员患有慢性下背部疼痛和髋关节紧张，伴有腰大肌抑制

评估腰大肌的长度——改良的托马斯试验

改良的托马斯试验是评估髋关节屈肌长度的黄金标准，包括股直肌、阔筋膜张肌、腰大肌。这个实验的做法是：让受试者坐在桌子边上，将一侧大腿拉近胸部，然后后躺，测试悬挂的另一侧腿（图3.45）。

托马斯试验的阳性结果包括：

· 如果大腿超过桌面水平，说明腰大肌紧张（图3.45a）。

· 如果大腿外展、胫骨向外侧旋转，说明阔筋膜张肌和髂胫束紧张（图3.45b）。

· 如果膝关节角度大于90度，说明股直肌紧张（图3.45c）。

但是，大腿前侧的肌筋膜紧张会在这个实验中产生腰大肌紧张的假阳性。腰大肌真正紧张时，是大腿超过桌面高度、同时能够在腹部触摸到腰大肌过度紧张（拉紧），就在腹股沟韧带内。如果大腿超过了桌面高度，但在腰大肌位置没有触摸到过度紧张，说明腿是由大腿前侧的肌筋膜紧张拉起而不是由短缩的腰大肌拉起（奥沙，2014）（图3.46）。

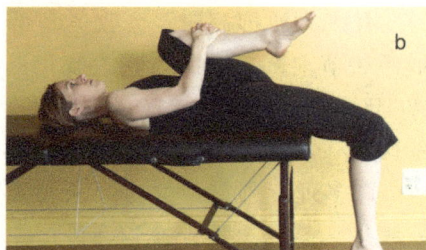

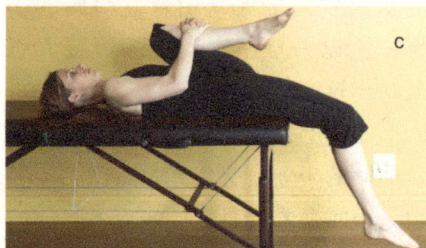

图3.45　改良的托马斯试验：（a）腰大肌短缩的阳性实验——膝关节高于桌面；（b）髋关节屈肌长度合适——膝关节与大腿齐平；（c）腰大肌过度拉长——膝关节低于大腿水平

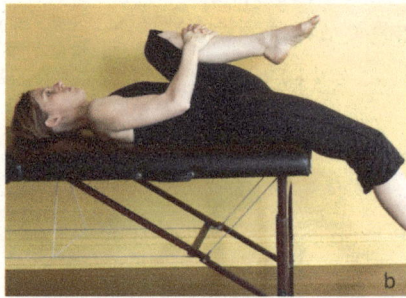

图3.46　改良的托马斯试验：（a）阔筋膜张肌和髂胫束短缩——腿部应该与身体对齐而不是外展；（b）股直肌短缩——长度正常时，膝关节应该呈直角（右腿）

图 3.47 的患者有下背部不适和髋关节紧张。她的理疗师指导她在康复项目中拉伸腰大肌，做骨盆后倾，因为别人对她说她有骨盆前倾，是因为这导致她下背部疼痛。从她做改良的托马斯试验可以看出，她的腰大肌实际上过长，她的腿应该与身体对齐，实际却低于身体。在髋关节和下背部有问题的人身上经常有这个发现。这个患者还表现出胸腰部延伸，这经常被误认为骨盆前倾。

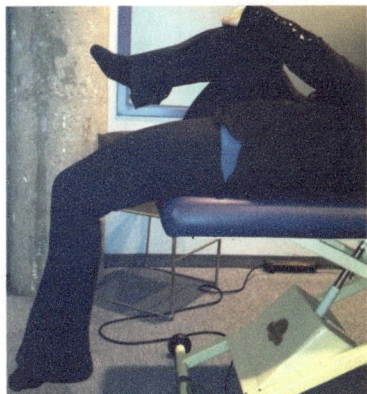

图 3.47　有下背部不适和髋关节紧张的患者做改良的托马斯试验的结果

激活腰大肌

对于腰大肌过度伸长和抑制的人（腰大肌在托马斯试验中过度伸展，在手动肌肉实验中薄弱），腰大肌的激活方式与深层肌筋膜系统其余部分的激活类似。应该首先激活深层肌筋膜系统（例如腹横肌、盆底肌、腰大肌），然后再激活它们的功能性协同肌肉（腹外斜肌、臀大肌、髂肌）。重新训练的目标是首先激活腰大肌，同时不涉及表层的髋关节屈肌（股直肌和阔筋膜张肌）或内收肌。记住我们是要改变激活深层髋关节肌肉和表层肌肉动员的时机，并不是说不需要表层肌肉参与屈髋关节。

腰大肌的动员与前面介绍的深层肌筋膜系统的动员类似。仰卧，一条腿放在健身球或椅子上（图 3.48），像以前激活深层肌筋膜系统一样。另一只手触摸髋关节前部，确保不要过度地动员股直肌、阔筋膜张肌或内收肌。想象深层有一条线将脊柱前侧（腰大肌起点）在靠近腹股沟区域连接到髋关节前面，腰大肌在这里附着在股骨的小转子上。保持深层肌筋膜系统的激活，慢慢地将腿沿着球或椅子滑动（屈髋）并回到起始位置。因为这是低级激活策略，所以不需要表层髋关节屈肌参与这个动作。在这个模式中，表层屈肌应该保持放松和柔软。做 3 到 5 组，每组重复 5 次，然后将腰大肌加入到普拉提模式，例如脚跟滑动、腿降低、腿划圈。

固定腰大肌在腰椎处的起点，抬起髋关节，模仿发展婴儿早期抓自己脚趾放在嘴中的"腰大肌锻炼"

（图 3.49）。借用腿拉弹簧（Leg
Springs）做支撑（不用把脚趾放进嘴
里），可以让成人很好地练习这个原
始的动作模式。

图 3.48　触诊屈髋过程中 TVA 和腰大肌的激活。在髋关节向胸部弯曲时，表层髋关节屈肌应该保持相对柔软和放松

针对普拉提导师的特别提示

《腰大肌》（2012）一书的作者莉兹·科赫（Liz Koch）相信，以骨盆前倾的姿势坐在坐骨后面，能够过度拉伸骶髂关节的韧带，沿着脊柱中线产生张力，导致腰大肌缩短并使用过度。对比这个观点，由于腰大肌真正短缩而导致腰大肌参与的患者值得研究这个概念。我们作为本书作者，与她的共同认识是，发展腰大肌的运动意识（不论是短缩、过度拉伸、抑制、还是过度活跃）是恢复功能和核心平衡的关键。

另外，注意著名诗人和散文家拉尔夫·瓦尔多·爱默生（Ralph Waldo Emerson）写过："人们只会看到他们准备看到的。"在健身领域的许多人都只准备好（被教育）看到骨盆前倾和腰大肌短缩。所以在提出自己的锻炼建议之前，一定要尊重在姿势评估以及其他测试中发现的结果，例如运动评估、动作范围、肌肉实验。

图 3.49　使用弹簧支撑激活腰大肌与腹部的连接

小结

肌筋膜系统是发展高效的核心稳定策略必不可少的部分。通过发展三维呼吸并将它与深层肌筋膜系统的激活协同，我们能够生成稳定 TPC 及对其减压所需要的腹内压力。通过肌筋膜连接，深层和表层肌筋膜系统共同形成筋膜张力和悬挂，对躯干、脊柱、骨盆进行稳定。

通过协同的呼吸和激活策略，肌筋膜系统无缝地形成理想的关节稳定级别，支撑姿势和动作，同时减少功能性活动过程中产生的剪力、旋转力、张力的潜在损害。因此理想的核心功能依赖于微妙的平衡、协同、呼吸控制、激活，以及与功能性动作的融合。肌筋膜系统间的不平衡和筋膜的抑制，以及身体任何区域发展的不理想的习惯，都会对核心稳定性造成严重影响，既影响姿势又影响动作。下一章将学习不理想的姿势和动作的发展。

采用综合的方式实现理想的核心稳定性

· 三维呼吸发展腹内压力，保持脊柱伸长，抵御压缩力。

· 激活深层肌筋膜系统形成近端关节控制。

· 表层肌筋膜系统只施加适量的关节压缩并辅助身体动作。

这些动作综合起来形成理想的核心稳定，并发展出普拉提训练预期要达到的"修长"和受控的外观。

核心功能失调

4

第3章讨论了神经系统如何将深层和表层神经系统与三维呼吸协同，形成理想的核心稳定。记得拥有高效的核心稳定策略不仅能够激活腹横肌或收缩核心来形成坚固的TPC；高效之外在于发展一个策略，使我们能够保持正确的呼吸、保护关节、适应生活的需要。核心稳定策略适应性越好，身体日常执行必需的和期望的任务的效率就越高。

前一章介绍了发展高效核心稳定的方法，这样才能采用适合的稳定策略完成低层任务所需的姿势和动作，例如步行、坐立、站立，并完成要求更高层次稳定性的任务，例如举起重物、跑步，或者上普拉提课时做侧身平板支撑。

本章将讨论许多人形成不理想核心稳定策略的原因，以及这些原因如何直接导致有缺陷的姿势和动作模式。我们尤其要研究深层肌筋膜系统的抑制和表层肌筋膜系统的过度激活如何直接影响核心功能、并影响身体其他区域的表现，例如对髋关节的影响。最后，我们将指出这些不理想策略对姿势和动作的短期和长期影响。

理解与核心功能失调发展有关概念的好处包括：

· 了解导致核心稳定不理想的三大常见原因，解释神经系统对核心稳定策略不理想的代偿方式。

· 了解稳定策略不理想导致的常见姿势和动作的失调，不论是自己还是学员（如果你是普拉提导师）。

· 对于普拉提导师，有助于教育学员了解发展高效核心稳定策略的原理，而不仅仅是强化薄弱、受抑制的肌肉以及拉伸紧张、过度活跃的肌肉。

人之所以发展出不理想的核心稳定策略，主要有三大原因：

· 神经发育：在儿童发展时期习得不理想的神经－运动模式。

· 创伤：急性创伤，由于习惯的姿势和模式导致的重复性或累积性创伤，手术（遗留疤痕组织），肌肉抑制以及代偿策略。

· 习惯：习得的姿势和动作策略，使不理想的核心功能一直保持下来。

对某些人来说，以上三大因素组合形成了他们的策略。关键在于不要被导致个人失调策略发展的诱因所困扰，而应更好地理解不理想的姿势和动作形成背后的原因。这有助于发展更高效的核心稳定策略，支持实现理想的姿势和动作。

神经发育

人生来具有稳定和运动的能力。在神经运动（神经和肌肉）系统的正确发展过程中，神经系统中存在着固有而且先天决定的稳定模式，决定了人一生的姿势和动作模式。在理想的发展中，姿势的稳定功能先于动作的发展而发展：换句话讲，人先学习姿势稳定性，然后才能执行有目的的动作。

例如，在出生后的前三个月，婴儿首先发展位相型肌肉（这些肌肉将成为表层肌筋膜系统的一部分）活动和拮抗肌的协同激活。肌肉的这种协同发展有助于婴儿发展对头部的控制，学习在仰卧和俯卧姿势下的稳定方式（图4.1）。

在出生后的4~6个月，膈膜将它的功能从单纯的呼吸转移到包含姿势支撑在内。深层肌筋膜系统发展和保持腹内压力的能力在早期脊柱发展和稳定中起到重要作用。也是在这个时期，深层和表层肌筋膜系统间的协同创造了关节的向心性，或者说创造了最适合关节负重和旋转对齐的位置。

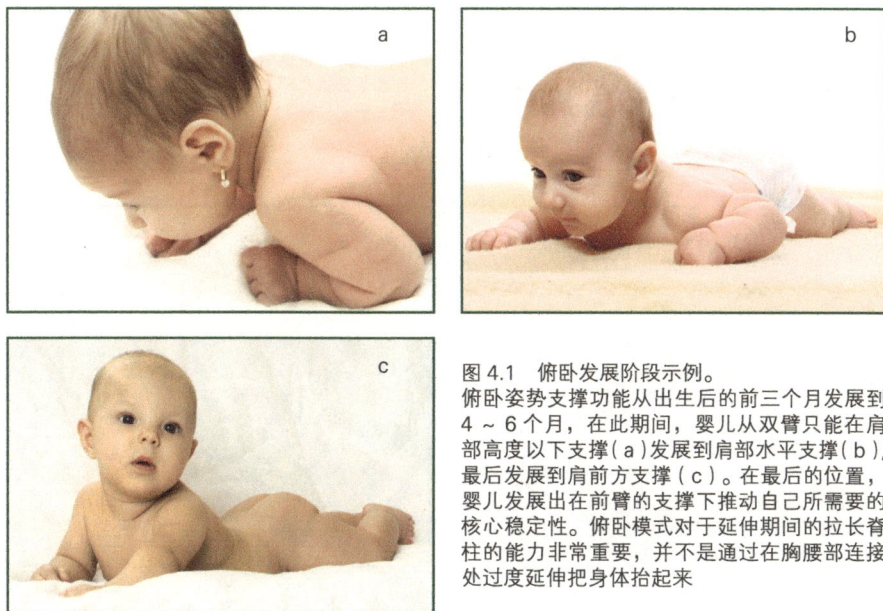

图 4.1　俯卧发展阶段示例。
俯卧姿势支撑功能从出生后的前三个月发展到4～6个月，在此期间，婴儿从双臂只能在肩部高度以下支撑（a）发展到肩部水平支撑（b），最后发展到肩前方支撑（c）。在最后的位置，婴儿发展出在前臂的支撑下推动自己所需要的核心稳定性。俯卧模式对于延伸期间的拉长脊柱的能力非常重要，并不是通过在胸腰部连接处过度延伸把身体抬起来

　　理解人早期的这个发展过程，有助于我们针对核心不理想或者俯卧位采用肩支撑的学员制定合适的锻炼进度。例如，俯卧拉长位（图4.2）就是使用这个概念的一个非常好的模式，可以用来发展其他仰卧模式（例如美人鱼和游泳）所要求的核心和肩胛骨控制。在俯卧拉长中，用前臂略作支撑来保持中立TPC，同时激活深层肌筋膜系统，将其与三维呼吸协同。

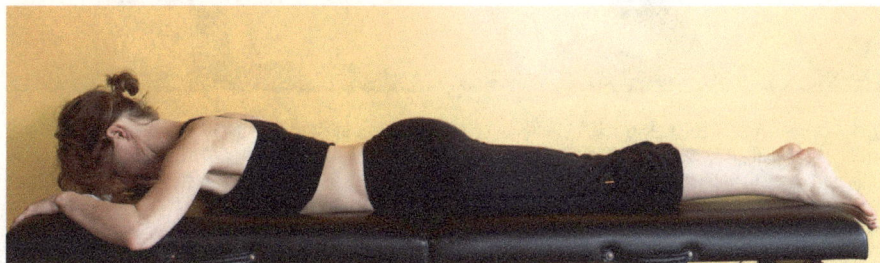

图 4.2　俯卧拉长位可以发展核心和肩胛骨控制

出生 7 到 9 个月期间，核心稳定性和姿势支撑的持续发展使婴儿能爬行了（图 4.3）。除了发展核心，爬行还有助于发展对侧肩关节和髋关节的稳定性，这种稳定性又是直立支持的前提。四肢着地和爬行模式有助于向直立负重姿势（例如蹲）转变（图 4.4）。

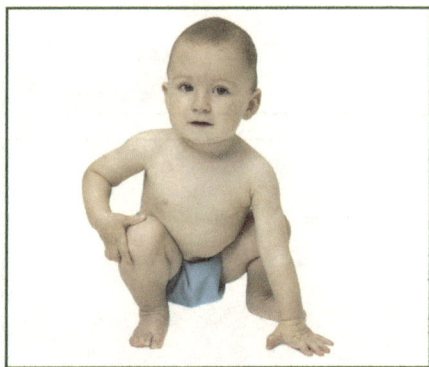

图 4.3 爬行（左图）和蹲（右图）模式

图 4.4 捕鸟犬式（Bird Dog）锻炼是发展核心稳定性的很好模式，对侧支撑和肢体动作与图 4.3 的爬行模式类似。虽然这个模式在许多康复项目中都很普遍，但要一边保持中立 TPC 对齐一边移动肢体，实际相当困难。为了从这个模式中取得最大收获，一定要根据个人情况循序渐进，在做单个肢体抬升（a–b）过程中，要确保没有脊柱动作，也不要失去对肩的控制，然后才能使用对侧模式（c–d）

在出生后的 12 到 15 个月内，神经系统时刻在协调肌筋膜、骨骼韧带、呼吸系统，以实现受控的直立姿势和动作。有了正确的神经运动发展，婴儿才能发展出一生支撑直立姿势和动作所需的稳定策略。

在此期间，神经系统发展出肌筋膜系统的协同，支撑常规模式的姿势和动作，例如仰卧、俯卧，滚动、爬行、下蹲。但是，如果在发展性姿势上（仰卧、俯卧等）没有投入足够的时间，或者在婴儿的骨骼、肌筋膜、韧带系统还没有发展出支持直立姿势的合适能力之前，就借助人工支撑帮助婴儿进入负重姿势（图 4.5），就会干扰理想的稳定性和动作的发展。

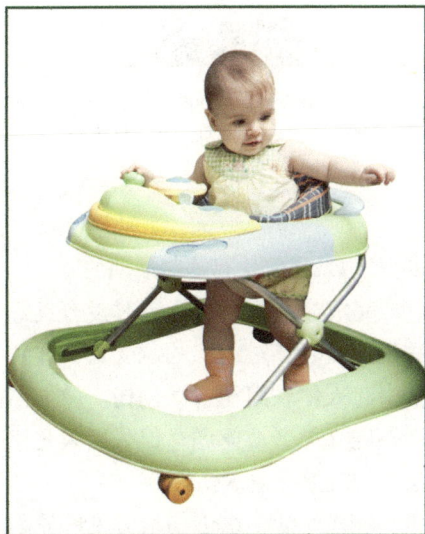

图 4.5　在成长早期对理想的稳定性和动作发展的干扰

发展过程中的失调

小儿神经学家瓦克拉夫·瓦捷塔（Vaclav Vojta）教授是发育运动学、发展阶段神经锻炼系统研究的早期先驱之一。瓦捷塔教授研究脑性瘫痪儿童，注意到健康儿童在发展的早期，会对特定的刺激做出响应，拥有可以预测先天的运动或肌肉反应。他还认识到，脑性瘫痪儿童的这些反应或反射严重受限。

瓦捷塔教授注意到：激活特定的反射点和动作模式有助于增强脑性瘫痪患者的运动反应。根据这些发现，他提出了瓦捷塔原则，并构建了反射运动（Reflex Locomotion）理论的基础。反射运动影响了许多儿科和成人的康复方法，包括 Pavel Kolář 提出的神经肌肉发展稳定模型。

瓦捷塔教授还注意到，即使在"健康"或被当成"正常"的发展中儿童当中，也几乎有三分之一没有发展出理想的神经运动模式［科恩（Cohen），2010］。这些没有发展出高效的稳定姿势模式的孩子的主要的特征是中心协同失调，主要原因之一就是常见的姿势改变，包括扁平足或高足弓、膝外翻（或膝内翻）姿势以及翼状肩胛［科拉（Kolář）等人，2013］。

有中心协同失调的人通常缺乏协调性，或者说"笨拙"，因为他们没有发展出高效或协调的稳定和动作策略。这些孩子通常不擅长体育，在基本的跑、跳、投、踢能力方面落后于同学。

　　虽然这并不意味着这些孩子早期一定会出现更多问题，但多数人终生都会向运动专家求助。因为他们容易受到不理想的姿势和动作模式的不良影响。

　　虽然这些不理想的模式可能终生属于他们神经系统程序的一部分，但我们能够帮助他们改进自己的核心稳定策略和动作模式（图4.6）。例如，BAS在发展和保持改进功能所需的基本核心稳定方面通常极为有效。

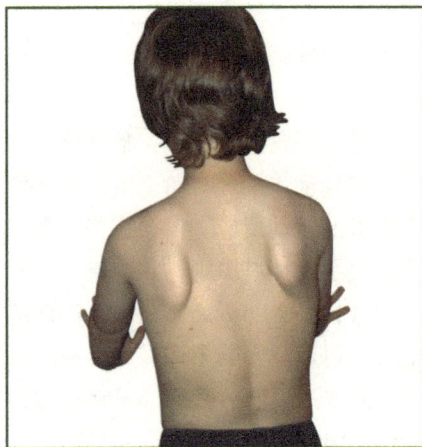

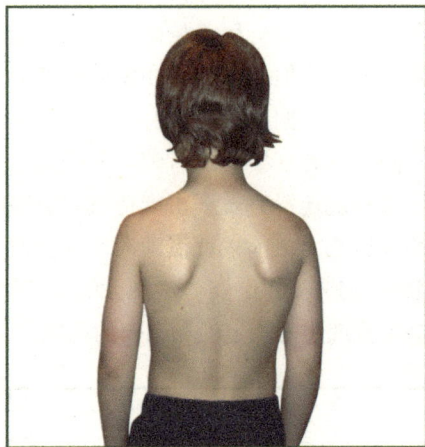

图4.6　10岁肩痛患者，表现出翼状肩胛骨和竖脊肌紧张。出现在发育早期的这类姿势功能失调通常与不理想的神经肌肉活动协同有关。遵守普拉提原则有助于那些稳定性策略不理想的人改善他们的姿势和动作模式

创伤

　　核心功能失调发展的第二大原因就是创伤。虽然摔倒、交通事故、接触性损伤引起的急性创伤肯定会影响核心功能，但本节的重点是重复性创伤和手术。

重复性创伤

　　重复性创伤指的是每天重复做的事情，以及重复执行这些活动的方式。

　　完成这些重复性活动时没有良好的稳定或者超过组织的承受力，通常会引起人体软组织的微创伤。微创伤不一定立即造成问题，但久而久之，累积的效果会造成伤害。

　　现代生活中微创伤最常见的原因和最佳示例之一就是坐立。想想大多数人一天会坐多长时间。他们坐着去上班、坐着工作、坐着下班回家。到

了家以后，又一直坐着吃饭、看电视，直到上床睡觉。一天的大量时间都是坐姿。

为什么坐立对核心功能有如此大的负面影响？一方面与坐姿的时间长度有关，另一方面，许多与坐立有关的问题实际上与坐立的方式有关。

通常认为，坐立时间增加会导致常见的姿势功能失调，例如骨盆前倾，还会导致肌肉不平衡：髋关节屈肌和腰部竖脊肌缩短，臀大肌、股后肌群、腹肌过度拉长。但真的是这样吗？例如，注意操作笔记本计算机、玩视频游戏、在酒吧坐着时的常见坐姿（图4.7）。每个坐姿都是骨盆后倾加腰脊柱弯曲。大多数人大多数时候都采用这个姿势坐立。

弯曲坐立姿势过久背后的问题在于：久而久之，软组织结构，包括韧带、关节囊、筋膜，会慢慢变形和拉长，这个过程称为蠕变。腰椎弯曲过久还导致髓核（椎间盘中包含液体的核心）向后移动。髓核后移与支持性组织拉长结合，就将椎间盘置于不利的位置上。这是椎间盘损伤的常见原因，最终会导致椎间盘膨出或突出。

图4.7　不论是看手机，操作笔记本计算机，还是玩视频游戏，大多数人都骨盆后倾坐立，同时弯曲腰椎。最大的问题是我们保持这个姿势的时间太久，导致站起来时也改变不了这些弯曲的姿势

而且，这些软组织结构的过度拉伸，导致在需要固定关节时能力下降，这样如果姿势的负荷保持过久或身体组织更活跃时，就会让关节稳定性更容易出现问题，从而产生关节或软组织损伤。正因如此，我们纠正策略的一个重要部分就是必须教授学员如何坐立才是最理想的，否则他们就可能回到旧的坐立模式，从而抵消从普拉提训练取得的全部收获。

　　姿势对齐理想、肌筋膜系统平衡时，椎间盘在椎骨之间得到良好

图 4.8　姿势对齐理想和肌筋膜系统良好平衡的椎骨，给椎间盘提供了良好支撑

图 4.9　使用天鹅式时，髓核向前移动

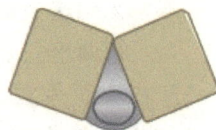

图 4.10　弯曲脊柱时，髓核向脊柱后侧移动

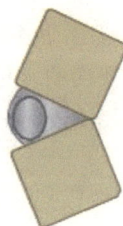

支撑（图 4.8）。在天鹅式（Swan）过程中，脊柱变成伸展姿势，髓核向前移动（图 4.9）。但在弯曲脊柱时，例如上卷（Roll-Up）时，髓核向着脊柱后侧移动（图 4.10）。如果脊柱弯曲的时间过长，或者做上卷（Roll-Up）、准备式（Teaser）、百拍（Hundreds）等脊柱弯曲的锻炼过多，就有可能将后侧软组织结构过度拉伸，导致椎间盘损伤。在整天以骨盆前倾和腰部弯曲姿势坐立或站立的人来说，这个问题尤为普遍。

有理想的 TPC 控制时，即使做基于弯曲的锻炼，脊柱依然能够保持稳定，例如在万能滑动床上的向上伸展（Up Stretch）（图 4.11）。股后肌群和髋关节后侧综合体限制骨盆前倾的范围，或运动者的移动超过他们的脊柱稳定能力时，运动者会弯曲脊柱进行代偿。注意前屈时（图 4.12）脊柱失去了整体性（箭头指处）。如果持续进行，这个习惯会过度拉伸脊柱的前部结构，增加出现下背部和椎间盘问题的风险。

有长期负载或重复性负载的软组织上还有另外一种现象。滞后（Hysteresis）指的是重复性负载导致的韧带、关节囊、筋膜拉长。在前屈、伐木等活动或者普拉提上卷（Roll-Up）锻炼中，这是个常见的现象。

如果长期以骨盆后倾和弯腰姿势重复进行基于弯曲的活动，就会出现问题。如果没有预先发展更理想的核

图 4.11　在万能滑动床上向上伸展

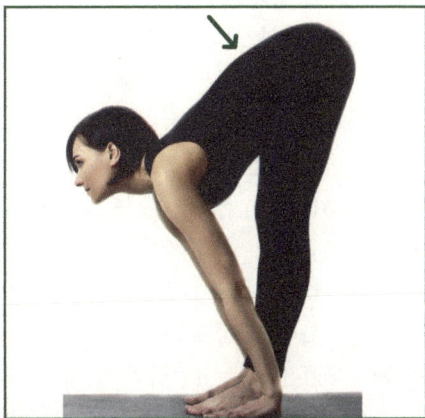

图 4.12　脊柱在前屈时失去整体性

心稳定策略，却过量进行基于弯曲的锻炼，会将肌肉的不平衡固化。这也是为什么这么多核心锻炼项目无法帮助人们发展出理想核心功能的原因；因为许多锻炼项目采用的训练方式不能帮助运动者找到并控制中立对齐。这正是普拉提训练以及整合 6 大原则体现宝贵价值的地方，它们有助于纠

正慢性的肌肉不平衡，并建立更高效的核心稳定策略，支撑理想的姿势和动作。

关于脊柱弯曲的几句话

需要重点指出的是，脊柱弯曲是生活的必需功能，因此不应该避免。但是，我们需要确保核心对齐，确保在加入基于弯曲的动作前已经有了控制能力，能够处理重复性弯曲的压力。这也是前一章介绍的呼吸重新训练和核心稳定策略如此关注增强中立TPC对齐控制以及深层肌筋膜系统激活方式的主要原因。发展深层和表层肌筋膜系统之间的平衡、教授如何控制TPC的中立对齐，可以让核心系统满足生活的需要。

不要在发展出理想的核心稳定策略之前进行脊柱弯曲锻炼的另一个原因就是：这类锻炼过程中给脊柱带来的压力。脊柱弯曲锻炼，例如普拉提上卷（Roll-Up），以相对弯曲的脊柱位来训练核心。从历史上讲，有些普拉提学校教授过仰卧腹部锻炼时要放平脊柱，例如Ab系列（单腿拉伸、双腿拉伸、十字交叉、抬下体）、平躺式以及其他模式。放平，或者说留痕，都会减少脊柱的曲线，实际是在导致脊柱弯曲。虽然对于核心稳定良好的人来说这不是个问题，但对有骨盆后倾和腰椎弯曲、经受蠕变和滞后的人来说，就可能带来问题。所以我们先对中立胸骨盆对齐进行压力控

制，确保能够控制这个对齐（保持头向下靠在垫子上）之后，才增加脊柱弯曲，例如抬胸或留痕。还要学习在脊柱弯曲时保持其他策略面上的腰椎中立，而不仅仅是在仰卧时。在坐姿情况下，脊椎向前伸展、伐木式（Saw）、短箱（Short Box）以及胃部按摩（Stomach Massage）都是发展控制能力的优秀运动。

图 4.13　百拍（Hundreds）模式

图 4.14　桌顶位置

如果缺乏对中立TPC对齐的控制，则百拍模式可以导致下背部和骨盆问题（图4.13）。重要的是用有关模式建立对TPC的中立控制，例如桌顶位置，然后再加入基于弯曲的锻炼（图4.14）。

手术

身体创伤另一个常见但都很少提及的原因就是手术。每个手术过程对于身体来说都是一个创伤性事件，没有哪个手术是"常规"的或没有副作用的。只要肌筋膜系统被切开，即使是很小的外部切口，在愈合过程中也会形成内部的疤痕组织。

虽然腹腔镜手术几乎没有可见的疤痕，对表层肌肉的切割也很少，但对体表下的支撑性筋膜依然有严重的切割，这通常会形成严重的疤痕组织。虽然腹腔镜手术过程中只有三个小的入口进入下腹部，但在手术过程中，为了更好地观察，必须给腹腔打气，从而进一步破坏了深层肌肉和内脏间的筋膜系统（后者围绕和支撑各种器官）。这也会在手术后形成粘连，不仅是在实际的入口周围，还包含周围的腹部和内脏筋膜。

如前所述，所有手术都会形成疤痕组织，手术越大，通常疤痕组织也越大。手和腕部外科医生姬恩·克劳德·吉姆伯蒂优（Jean Claude Guimberteau）博士做了大量工作来揭示健康筋膜的流动性。他的研究表明，手术部位的疤痕组织在术后三个月内形成，即在这么短的时间内，也会影响筋膜的自然流动和滑行功能（吉姆伯蒂优，2012）。想想10年、20年甚至30年以前做手术，甚至多年做多次手术的人，就知道在此期间产生了多少疤痕组织以及代偿。

案例

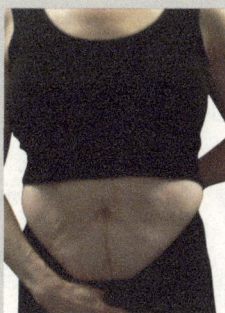

图4.15　剖腹产后疤痕组织形成导致的并发症

图4.15中的女性是埃文的一位患者，她只剖腹生产了一个孩子；虽然她

有严重的下背部疼痛，报告却说术后5年内没有腹部或胃肠（GI）问题。然后她就开始经历肠道疼痛，并被推进急诊室手术——因为这个垂直的疤痕。外科医生发现之前手术后形成的疤痕组织已经缠紧肠道，导致不得不切除她的部分肠道。另外，外科医生还注意到，已经形成的疤痕组织从她的腹壁直达骶骨。

在这里加入这个剖腹产后疤痕形成的案例，就是为了引起大家注意，大量的学员和患者都做过腹部手术，无论是剖腹产、子宫切除、胆囊切除术、卵巢囊肿切除术，还是开了胃肠道切除术。在这些人当中，很大一部分都产生了严重的疤痕组织，并对功能产生了影响，尤其对深层肌筋膜系统产生影响。手术的时间越长，矫形手术越复杂，经历的手术次数越多，越可能增加对核心稳定策略的代偿发展。这些代偿直接引起姿势和动作功能失调（李和李，2013；维特勒，2014；奥沙，2014）。

对普拉提导师的特别提示

怎样才能最好地帮助做过躯干、腹壁、骨盆、下背部手术的人呢？首先，要了解他们的手术史，以判断是否与当前的姿势问题、动作问题有关。许多人需要由专业的手法治疗师评估，理疗师可以评估更深层的疤痕组织以及内脏的活动性（筋膜环境内器官的运动情况）。我们已经发现，对于以前做过手术的人，通常需要由合格的理疗师给他们做特定的疤痕组织活动性治疗，还要释放表层肌筋膜系统的过度活动，这是对深层系统抑制进行代偿的结果。另外，通过对齐TPC、激活深层肌筋膜系统、采用三维呼吸，还可以帮助恢复深层和表层筋膜系统的活动性，包括围绕他们腹部和骨盆器官的筋膜。通过将这个功能与普拉提锻炼相结合，可以帮助许多人恢复更为正常的姿势和动作。

关于内脏活动性以及疤痕组织对内脏系统影响的更多信息，请访问相关网站。

习惯

导致核心功能失调并一直延续及保持理想核心功能真正挑战的第三大原因就是习惯。可以将习惯想象成生活中已经养成的做事方式，它会持续地影响我们稳定和运动的能力。下面来看其中几个能严重影响核心稳定、改变动作模式的习惯。

从日常生活习得的最常见习惯之一就是我们的姿势策略。下面将讨论会严重影响核心稳定性的常见姿势习惯的几个变化（图4.16）。

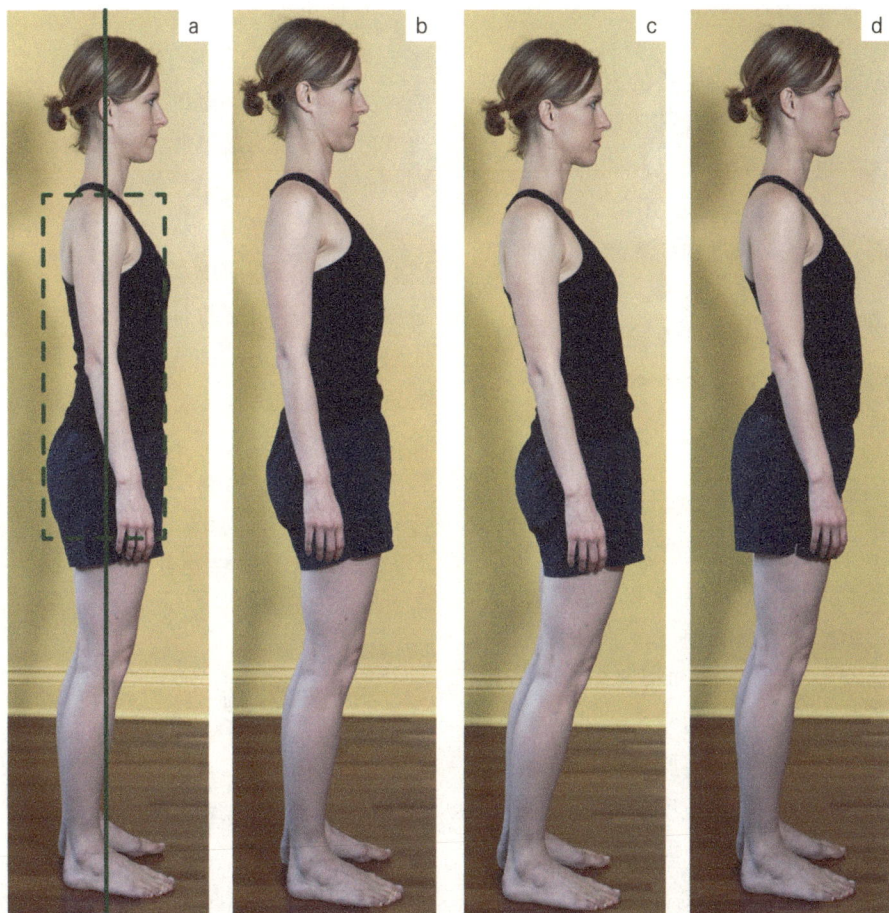

图4.16　常见姿势：（a）中立；（b）军人；（c）后仰；（d）胸腰部伸展过度

中立姿势

在中立姿势下，胸廓在骨盆上与其对齐，能够保持脊柱曲线，从侧面看，可以想象有一条线沿着耳朵、颈部、腰部、落到膝关节，直到踝关节前方。这个姿势有利于理想的三维呼吸，有助于激活深层肌筋膜系统，还能拉长表层肌筋膜链条。注意这个模特的姿势实际上略微前倾，不是真正的中立对齐。这是由于本书研究范围之外的一些因素影响，可以通过意识或结构性的身体训练加以纠正。

军人姿势

呈现出军人姿势的人身体通常非常僵硬。他们的颈部屈肌、腹部、臀大肌过度激活，所以脊柱的三个区域都缺乏自然弯曲：颈部、胸部、腰部。这些人通常将胸廓控制在骨盆后面，骨盆表现为后倾。这种僵硬而绷紧的策略几乎不可能发展出理想的三维呼吸，因此严重依赖收缩策略来实现核心稳定性。

后仰姿势

后仰姿势会将软组织结构拉得离开髋关节前部。这些人通常有腹直肌短缩，伴有前胸腔浅薄。腹直肌的短缩限制了吸气期间提高前胸廓的能力，所以这类人通常主要采用腹式呼吸。他们通常还将胸廓保持在骨盆后侧，这与下腹部过度拉伸共同作用，破坏了他们的核心稳定能力。

胸腰部过度伸展姿势

胸腰部伸展过度是一个越来越普遍的对齐姿势，尤其在狂热的练习者当中，包括瑜伽和普拉提的运动者。这个姿势主要是因为运动者被鼓励提升胸腔，将肩胛骨拉到收缩（向下向后）的位置而导致的。胸腰部伸展过度的特征就是胸腰部竖脊肌活动过度，导致胸腰部（TL）连接处的伸展加大。TL 的过度伸展会抑制后外侧呼吸，导致不能激活深层肌筋膜系统，尤其在 TVA、横膈膜、腰大肌、腰方肌通过肌筋膜与 TL 连接处融合的地方。有这个问题的人通常也采用腹式呼吸，因为肌筋膜的竖脊肌紧张抑制了后侧呼吸。结果就是，这些人不能产生支撑负载所需要的 IAP，所以必须过度依赖收缩策略进行支撑。过度伸展还会过度拉伸腹壁前侧，加大腹部疝气或运动疝气的风险，并加大进入盆底肌的压力。另外，这些人通常述说有慢性背部僵硬或紧张，原因就是他们的策略不理想。对其中许多人来说，只要发展更高效的核心稳定策略，引导他们放弃这些不理想的姿势习惯，就会消除大多数的慢性紧张。

我（埃文）的一位患者诉苦说有肩部疼痛和慢性头痛（图 4.17）。她展示了一个常见姿势模式：从下背部到胸廓上部长长的脊柱前凸。这个姿势会让胸廓（胸腔和胸椎）非常僵硬，尤其是在后侧，使得几乎不可能做到三维呼吸。这个限制最终会影响发展腹内压力和稳定核心的能力。有意思的是，这个患者说从她小时起，母亲就教导她挺起胸部，将肩胛骨向后向下拉，这正表明我们现在的很多习惯是源于我们多年前学到的东西。

许多老人胸椎的后凸都会加大，因此把胸廓落在骨盆后面。同前面提到的几个姿势一样，由于髋关节后侧过度激活，他们通常表现有骨盆后倾。在图 4.18 中，可以注意到由于髋

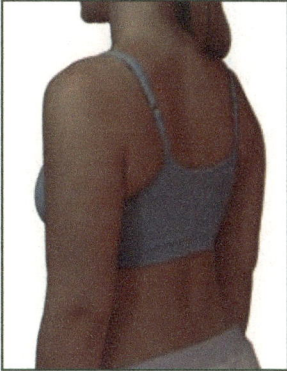

图 4.17　常见的姿势模式，从下背部到胸廓上部长长的脊柱前凸

关节长年慢性收紧，这位男性的臀部区域出现了肌肉萎缩。

　　这类改变在任何人身上都能发生，采用并保持特定姿势超过一定时间后，我们多数人都会这样。这再次表明通过提高核心稳定性来改进人的姿势策略、教育人们采用更理想的习惯有多么重要。

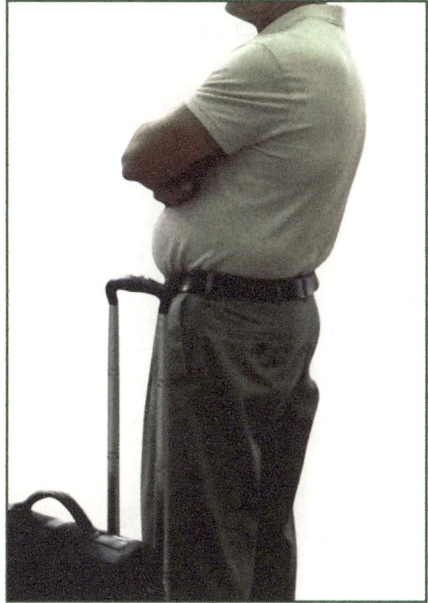

图 4.18　髋关节长年慢性收紧，导致臀部区域的肌肉萎缩

腹壁过度激活

　　造成不理想姿势和动作策略的另一个常见的关联模式是腹壁的过度激活。不论父母和教师的意图多好，我们都不应该整天地收紧胃部或者"绷紧"腹壁或收缩腹壁。腹壁过度激活不仅是个失调的核心稳定策略，还会抑制三维呼吸和高效核心稳定策略的发展。因为腹壁从胸腔前侧一直附着到骨盆，所以收缩腹壁通常会让腰曲变平，将骨盆拉成骨盆后倾（图4.19）。这会导致腰曲减少。

　　这并不意味着腹壁不应该有紧张：它只意味着我们不能始终保持下腹部收缩的状态。就像不需要整天弯

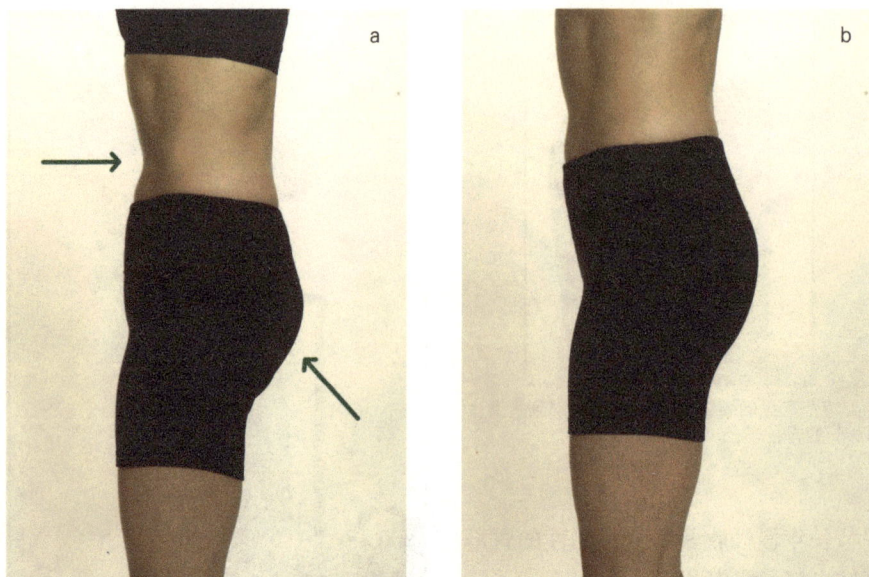

图 4.19 （a）注意，这个人通过腹部内缩来保持胃部紧张。她还收紧髋关节后侧区域，这与增强的腹部激活组合，将她拉成腰部弯曲和骨盆后倾。（b）根据言语的提示，想象延长和放松腹壁及髋关节后侧，使脊柱和骨盆实现了更中立的对齐

着手臂走路一样，也不应该时刻收缩腹部活动。时刻保持收腹看起来可能好看，但对姿势控制来说这是个失调的策略。

过度激活表层腹壁（腹斜肌和腹直肌）的需要或习惯是一个常见的稳定策略，主要原因有：

·手术后出现的深层腹壁抑制，这点前面讨论过。

·腹部扩张（下腹部膨起），继发于胃肠道炎症（慢性炎性肠道疾病或者由于牛奶、小麦、糖，以及其他常见的食物致敏物引起的炎症）。

·意识到自己腹部脂肪过多，有意或者无意地收腹来隐藏突出的腹部。

不论什么原因，腹壁过度激活会引起核心功能失调。像第 3 章介绍的那样学习理想呼吸和核心激活，能够发展更全面的腹部功能，从而发展出功能性更好也更苗条的腹部。

拥有理想姿势或中立姿势时，关节是对齐的，呼吸方式也理想，此时既不需要也不想过度收缩或放松软组织结构。此时人体是平衡的，不需要代偿姿势就能轻松保持直立对齐。重要的是教给有姿势改变想法的人更理想的核心稳定策略以及更理想的姿势习惯，否则他们很容易回到自己习惯的模式，从而抵消掉我们通过训练带给他们的改进。

锻炼习惯

许多常见的锻炼也能以保持核心的功能失调。虽然可以强化背部，但如果没有 TPC 稳定性和理想呼吸模式的发展，伸展过度和反向伸展过度模式可以加剧核心功能失调（图 4.20）。如果在躯干伸展（伸展过度）或抬腿（反向伸展过度）时不能稳定前侧腹壁、拉长脊柱，就会导致脊柱最灵活的部分过度伸展。对很多人来说，这个伸展通常发生在胸腰部连接处（胸椎与腰椎交界的区域），这会固化胸腰部伸展过度姿势，抑制形成理想的核心功能。

没有控制的拉伸也会导致 TPC 缺乏稳定。注意图中女性拉伸髋关节屈肌时缺乏 TPC 连接以及导致的胸腰部伸展过度（图 4.21a）。这个拉伸策略会导致腰大肌和腹壁前侧过度拉伸，从而固化核心功能失调。控制她的 TPC，保持胸廓和骨盆之间的连接，就能在不损害稳定性的情况下拉伸髋关节屈肌（图 4.21b）。拉伸时保持 TPC 的整体性，是同时实现灵活性和稳定性最安全的方式。

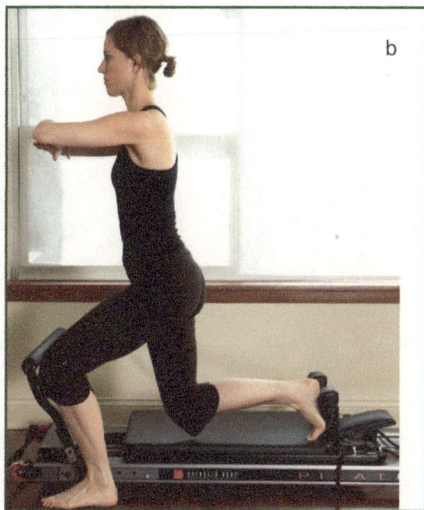

图 4.20　筒上天鹅式。没有肌筋膜系统间的平衡，这些伸展主导的模式会让胸腰部竖脊肌过度激活，影响后侧腹式呼吸。缺乏后外侧呼吸会抑制腹内压力的发展，导致胸椎和腰椎后侧过度压缩

图 4.21　拉伸髋关节屈肌：（a）缺乏 TPC 连接，导致胸腰部伸展过度；（b）控制 TPC，保持胸部和骨盆之间的连接

小结

本章介绍了形成核心功能失调的三大常见原因。不同的原因以不同的方式影响着人体系统的发展,包括幼儿时的发展、医疗经历、锻炼和职业的选择,以及在生活中我们给身体传递的消息等。归纳如下:

1. 神经发育:如果幼儿发展时期参加了不理想的神经运动计划,稳定和动作模式就会被延迟或抑制,导致代偿的稳定和姿势策略,并在成人后的姿势和动作中反映出来。

2. 创伤:创伤对人体有着深远的影响,不论由手术造成还是由其他急性或重复性创伤造成。多数创伤,尤其是手术,都会形成对肌肉的抑制,产生代偿模式;对肌肉的抑制越大、持续时间越久,改变这些行为就越难。

习惯:对许多人来说,习惯决定了稳定、保持姿势以及动作的方式。这些习惯是通过锻炼、锻炼时接受的指导、向身体传达的内部信息,以及我们以为是正常功能、以为应该采用的做法等所养成的。这些习惯构成了我们坐、立、睡、工作、玩乐等运动方式的基础。每一种都会引起不理想的呼吸模式、肌筋膜不平衡,以及无效的稳定策略,从而导致姿势的功能失调,最终导致动作的功能失调。正是这些后天的功能失调模式导致许多人遭受慢性紧张、疼痛症状、退行性关节病等问题。下一章将介绍神经系统对这些无效策略的代偿机制。

对不理想的核心 稳定策略的反应

5

第4章介绍了核心功能失调的三大原因，现在要学习这些无效策略的表现以及系统影响。不幸的是，核心功能失调的人无法轻松地发现自己有失调问题，因为许多人都以相对较高等级的策略执行活动，即使在核心稳定策略无效时也是如此。本章将鉴别并研究核心稳定不佳的一些常见表现和系统影响，以及功能失调后采用的代偿模式。

本章将学习：

· 不理想的策略对神经系统的影响

· 深层和表层肌筋膜系统不平衡和代偿的发展

· 为了代偿控制方面的损失而可能采用的三个收紧策略

对自主神经系统的影响

自主神经系统是神经系统中负责调控身体功能的部分，例如心率、消化、呼吸频率，以及性功能。自主神经系统分两类：交感神经系统和副交感神经系统。在身体功能发挥正常时，意味着感觉良好，吃得好、休息得好、情绪积极、拥有高效的稳定和动作策略，神经系统的交感（战斗或逃跑）部分和副交感（休息和消化）部分处于平衡状态。

一旦这两个系统之间现出不平衡，比如睡眠和休息不足、相对于休息来说运动过量、焦虑、有压力、创伤时，交感神经系统的活动就会增加。交感神经系统获得主导权，引起核心稳定策略最明显的不良后果就是对呼吸系统的影响。

呼吸策略转换到由交感主导时，会有以下几个表现和特征：

· 呼吸周期开始缩短，因为转变为使用上胸部和颈部的呼吸策略，不再采用膈膜和主要的呼吸肌。由于长期使用上层气道的呼吸策略，导致胸腔位置提升，呼吸周期缩短还限制了彻底排空气体的能力。我们在临床上观察到这些人有含胸、排气的表现。

· 因为胸廓更僵硬，结果降低了肺部排空气体的能力，所以呼吸变浅。进而导致供氧和循环不良，因此要加快呼吸周期的频率才能满足身体对氧气摄入和废气排出的需求。仅仅将呼吸频率从 8 ~ 12 次增加到 13 ~ 20 次就会将辅助肌肉每天的工作量几乎增加 60%。采用这个策略后，肌筋膜系统经年累月必须完成的工作量就可想而知。

· 为了满足需求，通常要过度使用斜角肌、胸锁乳突肌、胸小肌来提升上肋骨、胸骨和锁骨来扩张胸廓。这会导致这些肌肉的慢性僵硬和短缩，可能是头部前倾和肩部前倾姿态的最常见原因。除了对呼吸的影响，这些长期收缩的肌肉还会引起颈部和肩部问题。

· 这一失调的呼吸策略累积还会产生焦虑、易怒、慢性疲劳等效果，这些反过来又会固化这个循环。

随着呼吸功能失调发展成自我固化的循环（图 5.1），它开始改变核心的稳定方式：因为不能进行理想的三维呼吸，因此不能发展合适的腹内压力来稳定躯干和给躯干减压。还记得腹内压力有双重作用：提供稳定性，减少重力、体重、外部负荷、地面反作用力联合对躯干、脊柱、骨盆的压缩。

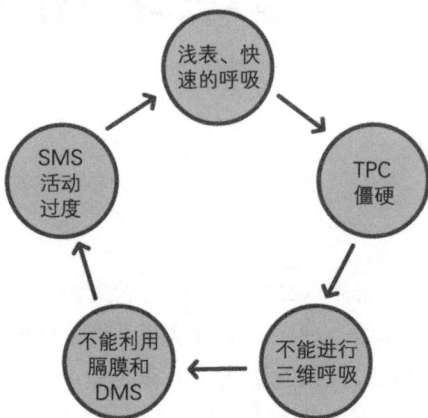

图 5.1　呼吸和核心功能失调固化循环

对姿势和深层肌筋膜系统的影响

虽然有缺陷的呼吸策略会引起明显的供氧和循环系统性影响，但与之关系更密切的问题是，它让你拥有不理想的核心稳定策略。这是由于姿势改变、姿势改变对肌筋膜活动的影响所引起的。

如第4章所述，呼吸功能失调的常见表现是明显的胸廓展开，胸廓固定或"卡在"吸气位（图5.2）。这个姿势的特点是：胸骨—肋骨角度变大，胸廓前下部突出。

这个对齐还导致前侧腹壁过度拉伸，通常会导致腹直肌分离（腹直肌的两部分分离）的情况。虽然在妇女怀孕时由于胎儿生长和腹壁拉伸这种情况很常见，但在呼吸模式不良的人身上也常见，他们的膈膜和胸腔被控制在吸气位置，导致腹壁过度拉伸并产生功能性抑制。不理想的呼吸策略与腹壁过度拉伸结合，导致更多压力传递进腹部和盆腔，进一步抑制腹壁。继发的腹斜肌拉伸导致腹直肌分离。

虽然这在腹壁精瘦的人身上直接就可以看到，但腹直肌分离通常通过触摸两条腹直肌之间的部分来检查：做卷腹动作，手指会划过腹壁中间的分裂进入他们的下腹部。重要的是教给这些人理想的激活策略，在普拉提锻炼期间加强深层肌肉（主要是腹横肌和相连的腹部筋膜）以保持腹直

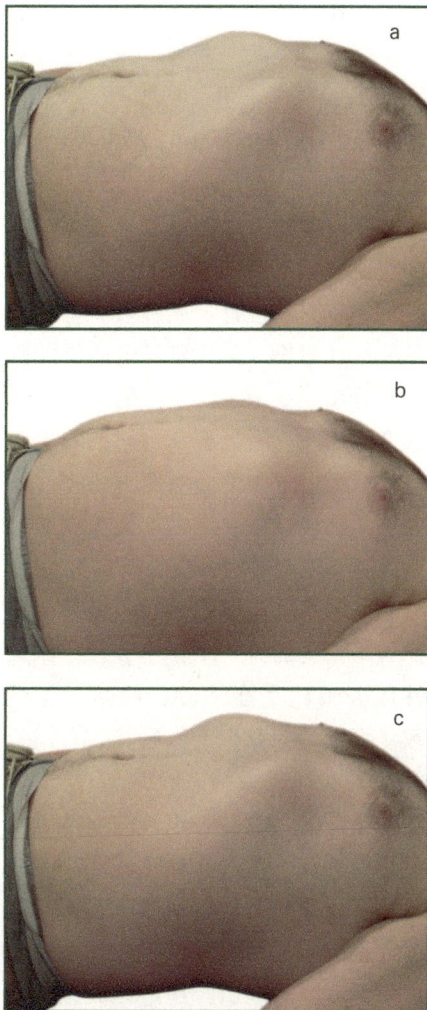

图5.2　（a）注意前下肋骨间较大的角度和突出，伴有TPC对齐不理想和僵硬；（b）吸气期间，这位患者呈现良好的腹式呼吸策略；（c）因为胸廓僵硬，在呼气过程中肋骨前部落不下去，从而将胸廓保持在吸气位置，限制了形成理想IAP级别的能力，导致过度使用表层肌筋膜系统进行支撑。另外，这个不理想的呼吸策略还固化了胸廓的僵硬，这是下背部紧张以及肩关节和髋关节功能失调的常见原因

贴近。在能够保持腹直肌贴近或"闭合"的姿势之前，通常不建议做基于弯曲的锻炼［上卷（Roll-Ups）、预备式（Teasers）、百拍（Hundreds）等］。

即使看起来强健的人，如果呼吸和稳定策略不良，做太多基于弯曲的腹部锻炼时，也有发展腹直肌分离的风险。注意图5.3的健美运动员的腹直肌分离。在做躯体屈曲的人身上经常会看到腹直肌分离，可以在看到腹部器官通过分裂的腹直肌突出来。重要的是指导这些人掌握如何控制腹直肌分离，发展更好的核心稳定策略。

盆底肌功能失调是呼吸和核心稳定策略不良的另一个常见表现。压力性尿失禁就是在运动、咳嗽、打喷嚏、大笑时无意识地尿失禁，有三分之一的女性或大约2500万美国女性受到影响，生育过、年长的女性以及做过前列腺手术的男性比例更高。而且，不止这些人群有这个问题。对精英大学运动员的研究发现，几乎三分之一的女性运动员经历过尿失禁。这些研究中的女性平均年龄是20岁，而且均未生育过。其中28%尿失禁报告发生在参加比赛时，尿失禁的女性有三分之二报告说经常发生，40%的人最早是在初中和高中时注意到这个症状［尼葛瑞德（Nygarrd）等人，1994］。

在另一项研究中，研究者们研究了不同的坐立姿势以及它们对失禁和

图 5.3   健美运动员的腹直肌分离

不失禁妇女盆底肌活动的影响［萨普斯福特（Sapsford）等人，2008］。他们评估了有支持跌倒、直立无支持以及非常高、无支持等姿势及其对盆底肌激活的影响。处于直立、无支持姿势的骨盆中立位置时，失禁和不失禁妇女的盆底肌活动都有增加。有意思的是，研究还发现，不失禁的女性与失禁女性相比，不失禁女性在无支撑直立坐姿下，脊柱前凸会加大。这也是我们主张从中立的骨盆和脊柱姿势开始训练，然后再转到其他姿势的另一个原因：这样可以改善深层肌筋膜系统的激活，对目前可能有问题的运动者的脊柱和骨盆的压力最小（图5.4）。

由于胸廓向前固定或固定在吸气位置导致的另一个问题就是胃食管返

流病（GERD）。GERD 指胃酸向上进入食道，刺激食道黏膜。有估算认为几乎有三分之一的人受 GERD 影响，美国每年花费超过 100 亿美元治疗这一疾病。GERD 一个被忽视的原因就是不理想的呼吸策略。

食道穿过横膈膜，膈膜的收缩协助调节贲门的闭合，防止胃酸反流进入食道（图 5.5）。胸廓的吸气位导致膈膜被固定或卡住，就像我们遇到的许多有呼吸失调的患者和学员一样，膈膜就无法有效地协助贲门闭合。呼吸锻炼已经证明可以改善胃食管反流病［埃赫尔（Eherer）等人，2012］，再次表明优化呼吸策略对于人体整个系统有着直接和显著的影响。

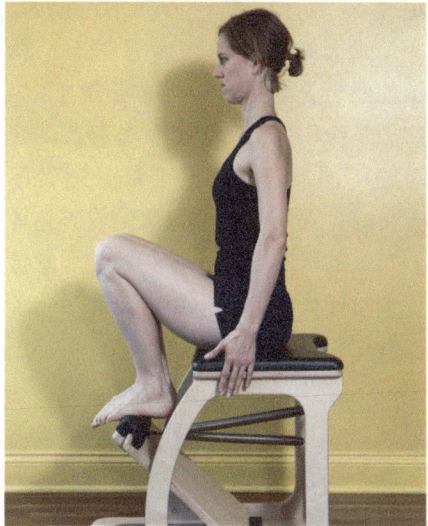

图 5.4　发展对 TPC 中立对齐的控制，可以改善深层肌筋膜系统的激活，从而更好地控制姿势和动作。对于缺乏必要的屈髋或控制，在地面坐立不能保持这个姿势的人来说，万得（wunda）椅是很好的替代品

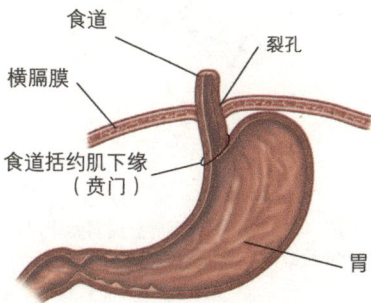

食道
横膈膜
裂孔
食道括约肌下缘（贲门）
胃

图 5.5　食道通过横膈膜以及膈膜收缩有助于调节贲门的闭合，防止胃酸反流进入食道

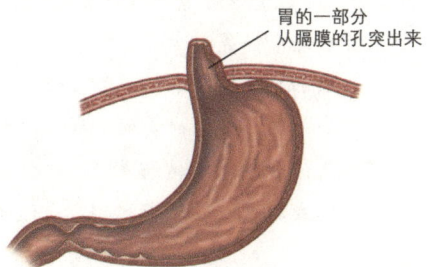

胃的一部分从膈膜的孔突出来

缺乏理想控制时的代偿策略

第4章介绍了形成核心稳定失调的三大主要原因：神经发育、创伤、习惯。本章将讨论一些常见的系统性影响以及代表性核心策略发展失调的一些表现。我们现在介绍神经系统如何应对理想核心稳定策略的缺失问题以及在发展了不理想的呼吸和核心稳定策略后所采用的一些常见代偿措施。

我们知道人体与所有静态结构（如建筑）承受同样的地心引力和生物力学作用影响。但是，与静态的建筑物不同，在身体某个部分运转不正常时，人不会简单地弯倒或碎在地上。人的优势在于，神经系统非常擅长通过代偿来完成生命所需的一些功能性任务。例如：

· 在人体承受未曾经历过的力量（例如学习挥舞高尔夫球杆等新技能）时，神经系统能够协调肌肉活动，使人能够完成这个活动，尽管做起来——例如挥杆——效率不高。

· 举起超过核心稳定能力的负重时，神经系统能够超量动员特定的肌肉，协助完成这个任务。

· 在肌肉已经疲劳，人期望停止运动，却依然必须坚持时，例如高强度普拉提训练或长跑时，神经系统通过使用代偿策略或肌肉动员帮助我们度过这个阶段。

理想情况下，关节周围的协作肌肉配合激活时，不用代偿就能在功能性活动中控制关节居中（关节位置的对齐和控制）。例如，臀大肌下方深层纤维与腰大肌，在功能上属于拮抗肌肉，协助保持股骨头在髋臼内居中（图5.6）。有了理想的核心稳定和肌肉激活，在髋关节伸展过程中股骨头就会在髋臼中保持居中，骨盆和腰椎保持对齐和控制。

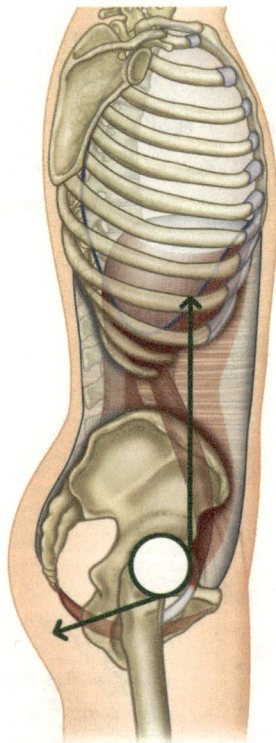

图5.6　臀大肌下方的深层纤维与腰大肌一起，协助保持股骨头在髋臼内居中

但常见的情况是，臀大肌和腰大肌被抑制，失去了在髋关节伸展时保持髋关节居中和理想姿势的能力。特别是，臀大肌下方的纤维是深层肌筋膜系统的一部分，与腰大肌共同作用，将股骨头向后带动或拉进髋臼，协助保持髋关节对齐和受控，实现理想的髋关节伸展（吉本斯，2005）。

中下部臀肌纤维或腰大肌深层纤维被抑制，不能理想地保持股骨头在髋臼内居中时，股后肌群，作为髋关节伸展的协作肌群，活动就会增加（图 5.7）。由于股后肌群属于表层肌筋膜系统，远离关节旋转的轴心，因此不能保持关节居中。随着股后肌群的收缩，就会使股骨头在髋臼中前移。髋关节伸展力量缺乏的人另一个常见的代偿就是骨盆过度前倾、腰部过度伸展（图 5.8c）。

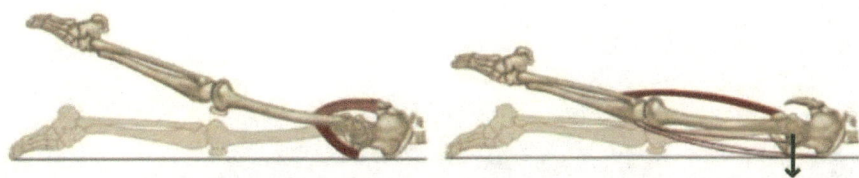

图 5.7　肌筋膜系统间实现理想的平衡时，髋关节在伸展（左图）时保持居中。缺乏深层肌筋膜控制时，股后肌群成为髋关节的主要伸展肌肉，在髋关节伸展（右图）时带动股骨头前移

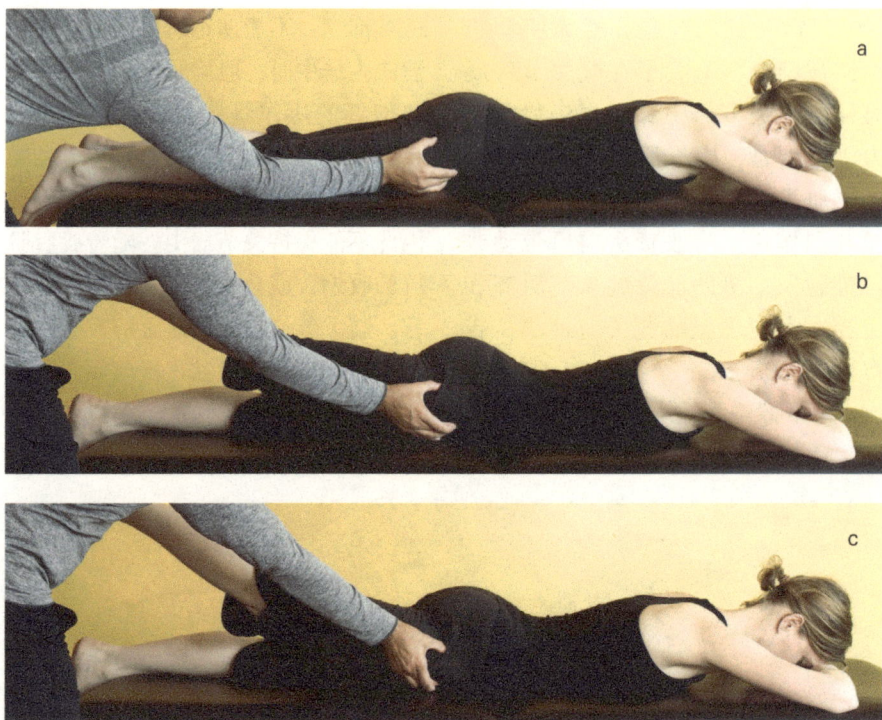

图5.8   在普拉提锻炼，例如游泳或双腿踢中，我们希望做到伸展髋关节的同时控制髋关节中立位，并保持骨盆和腰椎相对中立对齐。注意在图（a）和图（b）中，女士在肌筋膜系统平衡时如何保持理想的关节居中。触摸可以发现股骨头保持居中，骨盆对齐没有变化。如果有肌肉不平衡以及股后肌群活动增加，运动者就会代偿，使股骨头在髋臼内前移／骨盆过度向前旋转。这时，触摸可以发现髋关节不再居中，股骨头会被过度前推，如图（c）所示

另外，因为髋关节伸展能力降低，通常要过度向前旋转骨盆／伸展下背部来代偿，形成假的髋关节伸展。于是在行走、跑步或锻炼时，就不能保持脊柱伸长和控制下肢，随着髋关节的伸展，骨盆会向前过度旋转，股骨头在髋臼内会被前移，腰椎会过度伸展。这三个代偿模式经常会组合出现，导致髋关节、骶髂关节、下背部的疼痛和紧张，这在跑步人群中更常见。

理解和运用

理解功能性解剖不仅是帮助我们理解问题发展的原因，更重要的是让我们能够发展出合适的策略，根据神经系统功能提升稳定性和动作模式。理解并运用这个知识，就能发展出合适的策略，使我们能够更高效地实现稳定性并运动，减少功能失调。

股后肌群替代受抑制的臀大肌的上述场景，是协助肌肉占主导的典型示例。协助肌肉主导发生在原动肌肉受抑制时，此时协助肌肉接管动作的主要角色。在上面的示例中，臀大肌（原动肌肉）受抑制导致股后肌群（协助肌肉）承担起髋关节伸展的主要角色。

与之类似，出现肌筋膜系统抑制，关节整体性或关节控制被破坏时，表层肌筋膜系统会增加其活动，协助增加关节稳定性。作为对抑制深层肌筋膜系统的创伤或关节炎症的反应，表层肌筋膜系统成为关节稳定的协同主导。协同主导的表层肌肉筋膜系统是为了应对肌肉抑制和受损的关节居中而产生的典型代偿策略。

换句话讲，神经系统应对无效稳定策略时，常见的反应就是过度收缩肌筋膜系统。为了演示这个策略，请想象在光滑表面上行走时的反应。神经系统对不稳定环境下的行走，例如在光滑的瓷砖表面或冰雪上步行时，会有什么反应呢？是自信地大步行走？还是小心在意地放慢速度，弯腰，甚至收拢上肢呢？当然，后者才是神经系统探测到不稳定情况并进行代偿时最常见的反应。

神经系统的反应是收紧身体的各个区域，提高稳定性等级，这通常是肌肉抑制发生时的第一反应。这个策略使人类的祖先即使在肌肉抑制时也能狩猎、搜寻食物、迁徙、举重、建设、打败敌人。如果没有这个代偿能力，可能就不会有我们在这里写作、阅读，我们可能早就成为饥饿动物的食物或者战争的牺牲品了。

但是，关于这个策略有一个重要的注意事项：只有在我们能够控制它，或者它成为我们主要的稳定方法时，它才算是好的策略。我们称这种过度收紧或过度收缩肌筋膜系统的代偿策略为强身。这类紧缩策略通常发生在深层和表层肌筋膜系统间不平衡，深层系统抑制、表层系统过度激活的地方，用紧缩来提高稳定性。

紧缩

紧缩作为稳定策略已经变得如此普遍，以至于很多人已经将这些策略当成正常的策略。甚至健身行业常见的一些指导，例如"收紧腹部"或"向后、向下收紧肩胛骨"或"收紧臀部"，实际上都是在鼓励这些紧缩策略，因为它们的效果都是强化对表层肌肉筋膜系统的使用。

不要养成紧缩的习惯

紧缩策略（表层肌筋膜系统过度激活）是深层肌筋膜系统抑制时有效的代偿稳定策略。这个策略之所以有效，在于它可以保护关节免受突然施加的负荷或突然的力量变化影响。但是，一旦这个策略变成习惯性策略，就成了问题，因为它会导致关节压缩、肌筋膜紧张增加，限制运动的范围。所以必须改善深层肌筋膜系统的功能，建立综合的动作策略，恢复深层和表层系统间的平衡。

紧缩症候是许多人遭遇慢性紧张的主要原因之一，不论如何用泡沫轴滚动、拉伸、按摩来缓解都收效甚微。这类人通常会过度收缩肌肉，到超过执行简单任务需要的程度，例如站立、步行，或日常活动；即使不再需要这些肌肉活动，也无法让这些肌肉放松。换句话讲，他们过度动员了表层肌筋膜系统来代偿深层系统的抑制。

例如，在做腿划圈（Leg Circles）、预备式（Teaser）、侧躺腿划圈时，首先激活深层肌筋膜系统，主要是腰大肌深层髋关节旋转肌肉，将股骨头在髋臼中对齐和居中，并激活横膈膜、盆底肌、腹横肌、多裂肌，以及其他深层的脊柱稳定肌肉，稳定脊柱和骨盆。然后，要激活髋关节的表层肌肉（股直肌、阔筋膜张肌、内收肌、股后肌群）来移动髋关节，腹部表层和竖脊肌协助稳定脊柱和骨盆，避免因为腿部移动而产生的动作。

现在假设深层肌筋膜系统被抑制，或者做了太多重复活动导致表层肌筋膜系统过度激活，随着身体的疲劳，就是在不理想的髋关节重心和对齐下折磨自己。随着关节在当前和后续的训练中对齐越来越差，神经系统的反应就是收紧关节周围的肌肉（主要是表层肌筋膜系统），形成更好的稳定。但是，现在日常活动中也在使用这些表层肌肉，即使在站立、步行时也使用。肌肉过度激活正在变成习惯。你可能开始注意到晚上在家里坐着时这些表层肌肉也紧张，而在这个时候它们原本应该是放松的。步行、跑步、骑车、普拉提等活动做得越多，这个使用过度的模式就变得越顽固。

为了中止这些过度活动或紧缩的习惯模式，首先必须改善运动控制，或者说改善神经系统启动和控制姿势及动作的方法。通常必须按比例降低锻炼模式的强度，以便放松表层系统，激活深层肌筋膜系统。

以腿划圈（Leg Circles）为例，我们来看如何改善深层肌筋膜系统的激活，将它的利用与表层系统协同。为了改善髋关节划圈的动作，通常用仰卧位屈髋关节，并激活核心（腹式呼吸，激活腹横肌和盆底肌），以优化与深层肌筋膜系统的连接，并限制表层系统的收缩。

为了在功能性活动中改善髋关节居中，图5.9中的女士正在进行三维呼吸，并将呼吸与深层肌筋膜系统的激活协调起来。然后她触摸过度紧缩的区域，通常是股直肌、阔筋膜张

肌或内收肌，确保这些区域在这个
模式过程中保持相对放松。她想象有
一条线，从肚脐上的脊柱开始，一直
连接到髋关节深部，并开始将腿放进
槽内，建立起脊柱和髋关节之间的连
接。她确保表层髋关节屈肌在这个模
式过程中保持放松，因为训练的目标
是发展运动控制，移动髋关节时，不
要过度使用表层肌筋膜系统、不发生
紧缩屈髋活动。掌握了不用代偿紧缩
表层系统就能激活深层系统之后，她
就学会了如何将这个策略融入更高层
的模式。

脚挂在带子里做腿划圈（Leg
Circles），有助于减少腿的负重，她
可以想象自己在做这个运动模式时，
将髋关节沉进关节窝内。一旦发展出
运动控制，她就能进展到其他高级模
式，有意识地不去过度紧缩自己的表
层髋关节屈肌。

增加对紧缩的意识

重要的是让学员建立对紧缩位置的
意识，这样他们既能感觉到紧缩，又能
监视紧缩。要教给他们如何触摸过度活
动或紧缩的区域，这是纠正锻炼过程中
帮助他们放松的重要一步。

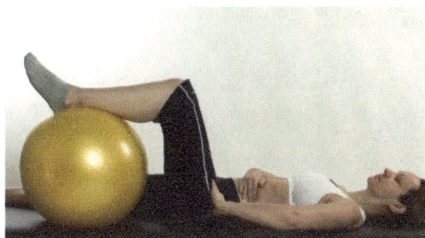

图 5.9　将三维呼吸与深层肌筋膜系统的激活
协同

具有理想的控制时，不会感觉到
稳定或者动作需要紧缩。深层和表层
肌筋膜系统之间处于平衡，不需要紧
缩就会做出相应的反应，除非要做的
任务特别要求有紧缩。改善功能的关
键是发展高效的核心稳定策略，这样
就不用借助紧缩策略来补偿关节控制
的缺失。

但是，如果失去了保持高效核心
稳定策略的能力，紧缩就会变成主要
的代偿策略。直接影响核心功能的紧
缩的三大区域分别是背部、腹部、髋
关节。不同的人采用不同的具体策
略，由他们的神经发育、创伤史及手
术史、锻炼选择，以及前几章涉及的
所有额外因素决定。

背部紧缩

背部肌肉紧缩的人，通常会在收缩最严重的脊柱周围区域出现过度紧张。虽然脊柱的任何地方都会发生背部紧张，但通常发生在胸腰部区域。通常的表现是，胸腰部前凸加大，伴随而来的就是这个区域的前屈动作范围减少。身体对这一情况代偿时，围绕过度紧张或过度压缩的区域节段性地弯曲。这个级别的节段性弯曲，或者通常所说的背伸不稳定，属于脊柱弯曲度超过其应有的程度，或者由于周围的脊柱被过度压缩成伸展位，导致脊柱过度弯曲：换句话讲，需要在这个区域代偿（在这个示例中是弯曲）才能完成动作。这个弯曲区域成为不稳定的区域，通常会导致腰间盘问题以及与神经有关的疼痛。

注意图 5.10 的两个患者身上从胸椎下段到中段的过度紧张，代偿的胸腰部延伸，以及腰椎的背伸不稳定（突出背部的"肿块"）。这个弯曲区域通常是因为它上面的紧张和紧缩导致的。患者的这个区域通常会出现疼痛和功能失调，因为他们不能控制脊柱的这个节段，因此导致这个区域的椎间盘、神经、软组织出现问题。

如前所述，紧缩可以在脊柱的任何位置发生。前面介绍的那位从腰椎到胸椎都前弯的女性患者。她就

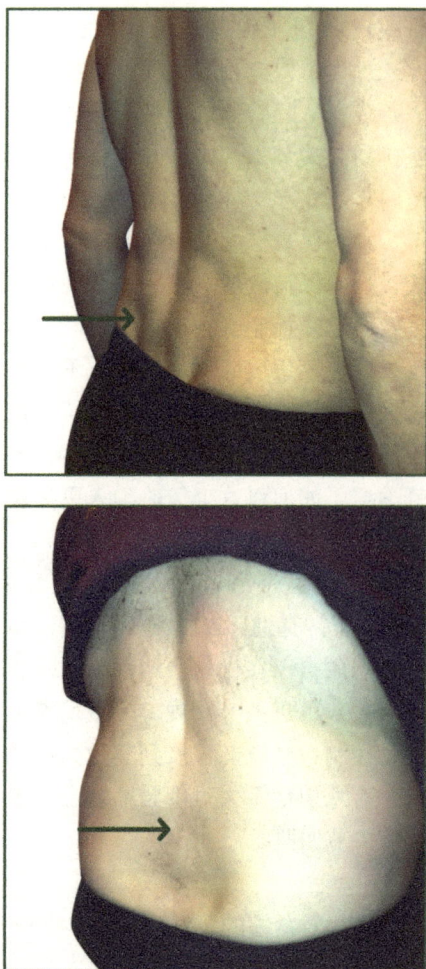

图 5.10　因为紧张和紧缩导致脊柱弯曲

表现出上胸部竖脊肌紧缩加慢性头痛和右肩紧张。注意整个脊柱的前凸：这个问题导致她不能充分利用膈膜的后侧，也不能向后打开胸廓，迫使她不得不过度利用辅助呼吸肌肉（斜角肌、SCM、胸小肌），从而导致头部前伸的姿态和慢性头痛。我们让她集中注意力放松自己过度收缩的竖脊肌

并呼吸进背部时，她就能释放自己颈部的慢性紧张，从而显著减少了头痛的频率和严重性。

背部紧缩会因为锻炼而加剧，例如伸展过度或游泳。因为做这些运动时，会使已经过度收缩的肌肉群继续过度使用。背部紧缩人士的竖脊肌通常静息紧张程度更高，而这类基于伸展的锻炼会固化竖脊肌伸展功能的运用。

如前所述，我们给学员的一些常用提示可能会引起紧缩。例如"抬起胸部""肩胛骨向后、向下压缩"，就会导致背部紧缩：这两个动作结合，通常会导致运动者紧缩自己的肩部和背部，这会抑制呼吸和正常的肩功能。

图 5.11 显示的是一位学员，她从小参加体操训练，一直被灌输上面提到的那些指导。注意在平静坐立时她腰部竖脊肌的静息紧张。触摸这些肌肉证实有很高的紧张水平，而在平静坐立这样的动作中，这些表层肌肉中不需要、也不应该有这么高的肌筋膜紧张。这是我们许多学员坐立时遇到背部问题的另一个原因：他们不会放松肌肉，所以全天坐立时，竖脊肌都处于收缩状态。

前面讨论过对患有慢性下背部疼痛人士的研究。还记得这些人与没有背部疼痛的人相比，不仅使用了僵化或收缩的稳定策略，而且在突然变化（重心突然变化）后还不能关闭这些肌肉。

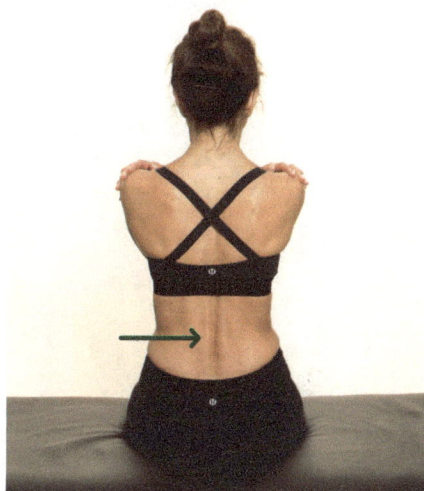

图 5.11　一位学员平静坐立时腰部竖脊肌的静息紧张

这突出表明，了解在不需要时放松或关闭肌肉，与了解如何激活和打开合适的肌肉同样重要。在需要时使用合适的肌肉，不过度使用，在不需要时放松，是运动控制训练的重要组成部分，这个策略是贯穿我们整个纠正性锻炼和循序渐进锻炼模式的目标之一。

背部紧缩在功能上有何表现呢？前面讲过的另外一位有下背部疼痛的患者如图 5.12 所示。他在站立和步行时疼痛，但坐立或每周一次踢球时不疼。注意他胸腰部竖脊肌明显的过度紧张。有意思的是，这个人生活中从来没有举过重物，工作也是伏案工作，所以为什么他的这些肌肉会如此发达呢？

观察他的单腿站立实验（图

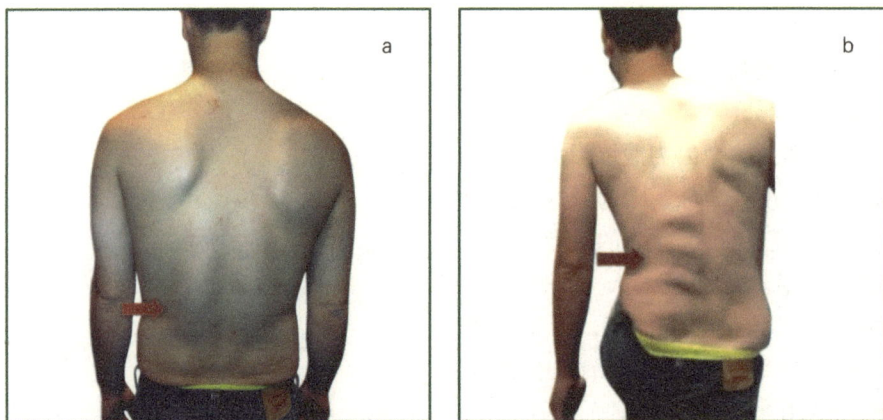

图 5.12　（a）下背部疼痛患者；（b）对这个患者进行单腿站立实验检查

5.12b），可以准确地看到为什么他在站立和步行时问题更多。注意他在单腿平衡时过度紧张明显增加。因为其糟糕的呼吸和核心稳定策略（即深层肌筋膜系统抑制），他过度利用了自己的表层肌筋膜系统（主要是竖脊肌）。在单腿站立时保持躯干稳定性。对很多人来说，这是个常用策略，尤其是对于那些竖脊肌、腰方肌有慢性过度紧张或触痛点的人。

腹部紧缩

　　表层肌筋膜系统过度收缩的下一个区域通常在腹部（图 5.13）。腹部紧缩非常普遍，甚至在看起来非常健康的人身上也很普遍，因为他们接受的训练以及自学时就是始终收缩下腹部。虽然这看起来可能很漂亮（让腰围显得更细），但身体对这个紧缩策略的长期反应可并不招人喜欢。

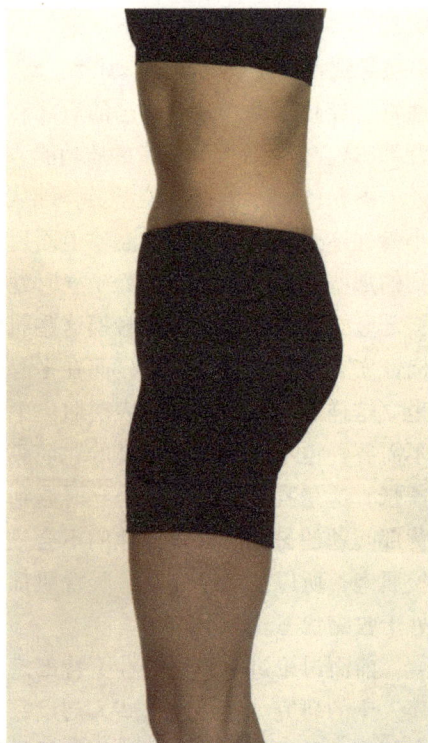

图 5.13　腹部紧缩

为了对紧缩不是个良好的长期稳定策略拥有切身的体会，请做以下运动：在坐着读书时，收缩一只胳膊的肱二头肌，一边读书一边保持这个收缩。现在想象如果整天这样收缩着肱二头肌，会发生什么情况？不出几天，这块肌肉就会紧张亢进、发生疲劳，肘关节就会感觉到僵硬和疼痛。如果成天都收缩或紧缩腹壁，对于腹部肌肉、胸腔和脊柱周围的关节来说，也会遭遇同样的问题。因为腹部会拉动胸腔和骨盆，它们会压缩下背部，就像收缩肱二头肌会压缩肘关节一样。同肘关节的表现一样，长此以往，这个紧缩策略会影响韧带、椎间盘以及脊柱的关节。

与背部紧缩类似，腹部紧缩也是多年来我们在锻炼课、杂志，以及其他健身相关的媒体材料上得到的众多指导的直接后果。像"拉紧""收缩核心""收缩胃部，就像要被击中一样""收紧肚子"之类的指导，只是我们在健身行业采用的常见指导中的一部分而已。我们不主张采用这些做法有三大原因：

1. 正如前面一节简要介绍的，长期采用腹部紧缩策略有几个问题。高等级的腹部紧张会增加对整个系统的压缩力，尤其是后续还激活了腰部竖脊肌来协助控制施加在脊柱上的弯曲力量。这会导致对系统的压缩力量因为腹部和竖脊肌的协同激活而增加。

正如前面用肱二头肌做的演示，长此以往，脊柱关节、骨盆、髋关节的反应都会因为持续的压力而变差。

2. 腹部区域过量而持续的紧缩让人无法正确地利用自己的横膈膜，因为横膈膜的动作被限制在 TPC 内。这会影响呼吸功能，从而抑制脊柱的减压能力，因为无法理想地利用腹内压力来稳定脊柱。这会进一步将增加的腹部压力传递进盆腔，久而久之，盆底肌变得不能应对从上方传递进来的压力，因为要么它不能被功能正常的横膈膜通过反射激活，要么从上向下传递的压力过大。这通常会导致盆底肌功能失调和尿失禁。

3. 虽然我们遇到过少量在收紧和拉紧腹壁上有困难的学员和患者，但对大多数人来说，收紧腹壁都成为他们稳定核心的默认策略，尤其是那些腹部手术以后以及患有慢性胃肠道刺激的人身上。如果患者或学员在做腹部"拉紧"时没有问题，那么继续采用这个策略改善核心功能就没有意义。如果某件事做起来相对容易，通常意味着不需要继续训练。对这些学员来说，我们会转而发展更高效的策略，促进腹横肌以及深层肌筋膜系统余下的部分激活并发展较低的紧张水平，不去增加过度解读"收紧肚子"可能导致的腹部紧缩。

非常多的人都擅长过度动员表层肌筋膜系统（腹斜肌和腹直肌）来收紧腹部。记住，整天紧缩腹壁比整天弯着胳膊更差。

运用表 5.1 提供的一些方法改变

自己采用的运动指导，可以改善深层腹壁和盆底肌的协作激活。

表 5.1   不鼓励紧缩的腹部收缩指导

常见指导	改为加上这些说法
收紧肚子	……只用 10% 力量
收腹	……轻轻地，像一个软软的真空密封体，向着脊柱
挖腹	……从底向上，想象有一张网把内部器官抬起，慢慢地，从耻骨前向胸廓抬起
收缩核心	……从身体深处，在脊柱的层次，或者用轻捷的方式，就像走进齐腰深冰冷的湖水时一样

前面介绍过的埃文的一位做过剖腹产和胃肠道切除的患者（第 4 章）。她要为因为手术而抑制的肌肉提供额外的支撑，因此总要收腹。为了发展出改善的策略，不过分依赖紧缩，我们需要学会释放过度收缩，减少腹部肌肉的慢性紧张，提高 TPC 内在的灵活性。通过发展腹内压力，可以支持更高效的呼吸策略，减少对脊柱的压力。

另外，理想的三维呼吸使膈膜能够向下推并按摩内脏，从而改善腹部循环，进而提高整个人体的功能。释放慢性紧缩能对整个系统产生巨大影响，因为它可以支持软组织的活动性，还能支持血液和淋巴组织的活动性。

图 5.14 的患者是腹部紧缩的另一个示例，注意他腰曲的缺乏以及前骨盆后倾。这种情况很难改善，因为他的慢性紧缩已经导致腹壁缩短。多年以来每天做 100 个仰卧起坐加上伏案工作 35 年，已经导致他胸椎后凸、骨盆后倾、腰部 脊柱弯曲。这个策略的后果就是：他遭受下背部疼痛和坐骨神经痛。他被指导着释放腹壁、发展对中立脊柱和骨盆姿势的控制，从而改善了他的姿势，缓解了他的症状。

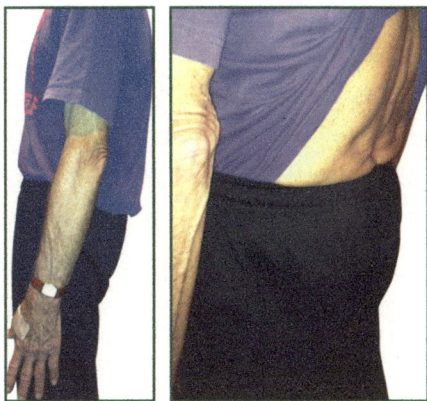

图 5.14　腹部紧缩的另一个示例

　　紧缩腹部的人可能在以中立脊柱位置做运动时有困难，却很容易做到"平躺"或脊柱留痕位置。腹直肌和腹外斜肌能够使脊柱和骨盆保持这个位置，即使没有深层肌筋膜系统的协助也能轻松做到。

　　在普拉提社群里，关于是否应该使用以及何时使用脊柱留痕位置，仍有一些争议。答案是：视情况而定。有些学员（例如有椎管狭窄的或者脊椎滑脱的）在达成中立脊柱位时需要极为小心，因为这会引起刺激。对大多数人来说，我们既不是现代舞演员也不是体操运动员（尤其是有椎间盘突出的人），最好避免留痕体位。基本的原因就是，腰椎弯曲的位置会把大部分压力加到下背部的椎间盘。因此，对于患者可能达到的程度来说，我们要训练他们将中立脊柱当成"基础"的能力，因为这个位置对脊柱和椎间盘的保护最

大。也就是说，腰部弯曲在生活以及其他日常活动中是自然情况，例如向前弯曲。如果确实要在运动中加入脊柱留痕位置，请考虑以下前提条件：正确的呼吸；深层肌筋膜系统的正确激活；脊柱没有问题，例如椎间盘问题或下背部疼痛。

坐姿训练骨盆中立

　　对骨盆后倾的人来说，胃部按摩锻炼（图5.15）方法具最理想的：可以一边拉伸腿部后侧负责将骨盆拉出中立位的肌肉，一边练习用中立姿势稳定髋关节。它还是所有人学习轴向拉长的好方法。目光敏锐的导师通过触摸能够确切地指出抬升动作最受影响的脊椎节段。这些节段在锻炼过程中移动更大，触摸时刺棘突感觉更突出。胃部按摩更柔和的一个变化是，将弹簧减少到一个，将脚放到平台或踏板的下方。

图 5.15　胃部按摩锻炼

雪利·沙曼有一种锻炼方法，是纠正骨盆后倾的另外一个很好方式，可以融合到短箱锻炼（Short Box）当中。将一只脚从安全绳中抽出来，保持在大腿下面。坐直，骨盆中立，运动拉长并屈腿，同时保持脊柱伸长。同胃部按摩一样，这要求将骨盆和下背部稳定，对抗股后肌群的强大拉力。然后放开这条腿，在离地几厘米的位置控住，同时保持脊柱伸长。要加大难度，可以在腿上抬触到手时，用手下压腿的最远处。继续伸长脊柱下部，对抗髋关节屈肌的收缩压缩力。

髋关节紧缩

虽然髋关节在技术上不属于TPC，但它直接影响骨盆和腰椎的对齐和功能。在深层和表层肌筋膜系统之间实现理想的平衡时，股骨头在多数功能活动中都在髋臼中保持相对居中的位置（图5.16a）；同样，骨盆围绕股骨头保持支撑和控制。

但是，如果髋关节后侧或外侧的肌肉过度收缩（紧缩），就会破坏股骨头在髋臼内的理想对齐，推动股骨头前移（图5.16b）。这就破坏了功能性活动中髋关节的旋转轴心，导致股骨头前侧面的磨损和撕裂。另外，这个紧缩还会改变骨盆在股骨头上的位置和控制，导致我们可以看到的很多姿势变化，包括骨盆的前、后旋转和外侧倾斜；甚至还会形成两腿的长度不同。

我们认为，股骨头向前的这个位置直接导致我们在患者和学员身上看到的许多常见问题，包括股髋撞击综合征（FAI）、关节盂唇撕裂（因为股骨头向前移位，导致髋臼周围的关节盂唇撕裂），以及长期的退行性改变。

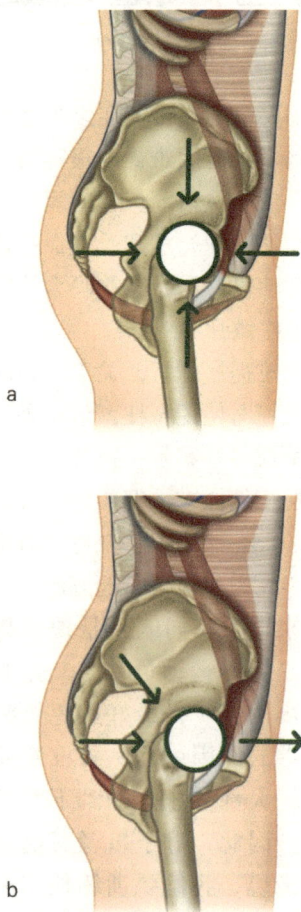

图5.16　（a）居中的髋关节；（b）股骨头前移位置

髋关节紧缩的特征是：过度收缩髋关节的后侧外侧，表现为凹陷，可以在大腿外侧区域触摸到，就在大转子后面。如果紧缩已经成为长期的策略，通常会出现臀大肌中下部纤维的消瘦，如图 5.17 的患者所示，他的臀大肌表层纤维以及髋关节旋转肌肉的部分纤维过度激活。

　　图 5.17 的患者是髋关节紧缩的典型示例。注意他在下肢锻炼模式（例如蹲、弓步、上台阶）期间髋关节过度激活，髋关节后侧和外侧肌肉收缩引起外侧髋关节缩进或凹陷。因为他采用的这个髋关节紧缩策略固化了髋关节的慢性紧张状态，最终会导致髋关节的关节盂唇撕裂。

有些人即使没有外侧凹陷的表现，也可能是髋关节紧缩患者。这些人通常表现出表层臀大肌、髋关节外展肌 / 内收肌、髋关节屈肌静息时过度紧张增加，髋关节动作范围受限。如果一个髋关节紧缩患者能够保持髋关节运动相对理想的位置，就会将股骨头过度压缩进髋臼，久而久之，就会增加对髋关节软组织和骨性结构的磨损和撕裂。

　　髋关节紧缩在功能性活动中有何表现呢？最容易在弯曲或旋转骨盆或髋关节时看到。髋关节紧缩的患者通常不能理想地移动髋关节，在下蹲或弯腰时，必须先移动膝关节或下背部来进行代偿。这会加大下背部 / 膝关节的压力，以代偿髋关节运动的缺乏。

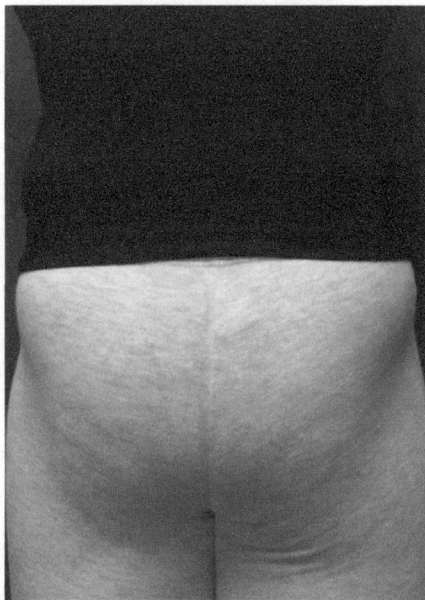

图 5.17　髋关节紧缩患者的典型示例

图 5.18 显示的一位专业运动员表现出慢性下背部不适，虽然没有严重到影响比赛，但足以影响他在锻炼和练习时的表现。经过评估发现，他有严重的髋关节后侧和外侧紧缩，以及胸腰部竖脊肌过度紧张（图 5.18）。在他弯腰时，注意因为髋关节后侧紧缩导致骨盆前倾不足，为此他要过度弯曲腰椎进行代偿。这个动作增大的区域正是他遭受下背部疼痛的区域。髋关节的局限迫使他采用骨盆后倾和腰椎弯曲的姿势坐立，这又固化了他的核心功能失调。

图 5.18 的运动员清楚地表现了这些紧缩策略如何导致运动力学链条上的不稳定性代偿。如果不改变这些模式，就会严重限制稳定和动作的改善程度。普拉提万能滑动床锻炼，例如大象式（Elephant）、洗衣妇式（Washer Woman）等椅上变化（直背和弓背），或改良的胃部按摩式（踏杆放低，甚至坐在短箱上），可以很好地抑制这个模式。

注意

对于高个或髋关节后侧紧张的人来说，做短箱锻炼或万得椅锻炼时，有时必须坐在靠垫上。通用的规则是，如果采用坐姿时髋关节紧缩，则不应该让膝关节高于髋关节，因为这会使骨盆后倾。

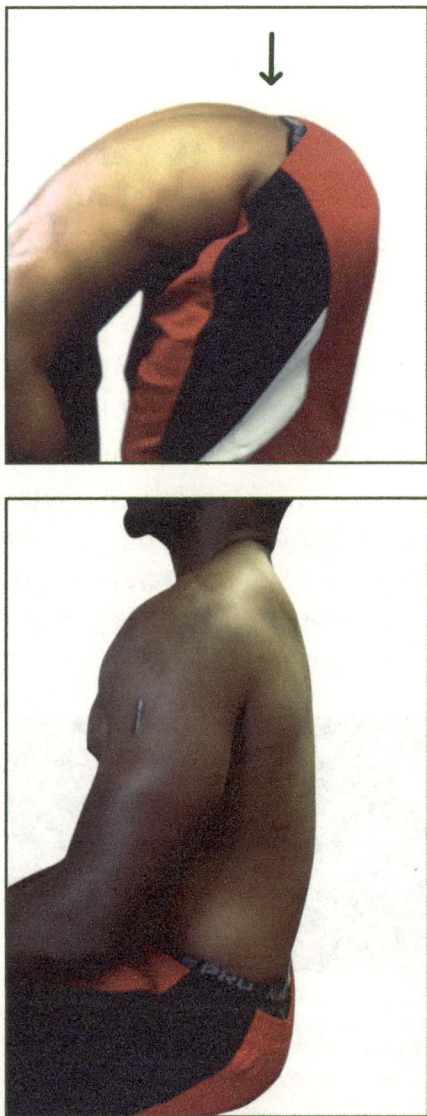

图 5.18　有慢性下背部不适的专业运动员

髋关节紧缩在功能活动中还有其他几种表现方式。注意到图 5.19 中的男士在集体锻炼课上做立卧撑时，髋关节的屈曲情况吗？ 他的骨盆几乎没有前倾，因为他过度收缩了髋关节后侧，所以必须过度弯曲胸椎来进行代偿。

图 5.19　立卧撑时，通过胸椎过度弯曲来代偿髋关节后侧的过度紧缩

在图 5.20 的女性做杠铃蹲起时，可以注意到在她接近最底部时，胸部伸展和腰部弯曲都加大。在下蹲模式中，在用尽髋关节弯曲的动作范围后，她开始向后旋转骨盆，甚至通过腰椎来加大弯曲。这些动作策略除了增加髋关节的压力，还会增加下背部和骶髂关节的压力。

在普拉提模式中还可以看到髋关节后侧和外侧移动能力的缺乏。通过腿拉弹簧（Leg Springs）训练骨盆中

立是在安全、低负荷的环境中打开髋关节的理想方法。在这个锻炼中，在我们获得保持骨盆稳定在中立位的能力后，髋关节也变得更灵活，动作也越轻松、功能范围也越大。万能滑动床上的弓步变化、单腿站立椅上加压，以及椅上向前向上抬腿，都可以强化和巩固站立时的这个运动意识。

图 5.20　在杠铃蹲起接近结束位置时，骨盆外旋，腰椎弯曲加大

踏步和腿拉弹簧期间髋关节紧缩

在踏步和腿拉弹簧运动期间紧缩髋关节，可以看成收紧骨盆，尤其在髋关节和膝关节伸展开始时。随着双腿开始对抗弹簧的负荷并伸直，臀大肌下方的纤维被拉进来，骨盆可能会略微弹离滑车。一旦向学员指出这点，多数人都会认识到，它们实际是紧缩。如果他们认识不到这点，可以要求他们尽可能紧地收缩臀部，然后放松臀部。建议他们想象放屁的感觉（如果可以，也可以鼓励他们放屁）。绝对有必要建立一个鼓励性的专业环境，尤其在要求学员将注意力集中在盆底肌时。

椅上单腿站立下压

髋关节后侧格外紧张的人会随着踏板升高而收紧骨盆。还可以注意到他们的躯干后移来响应这个动作。认识到这个趋势，是纠正的第一步。限制踏板向上的范围，并一直拉长脊柱。

为什么要花时间纠正髋关节紧缩模式？如果有慢性髋关节紧缩，在休息时就不能彻底放松身体，这会将过度紧张、触痛点、肌肉疲劳，以及其他许多慢性的肌肉骨骼问题固化。

为什么有这么多人会紧缩髋关节，还有另外一个貌似合理的解释。我们认为，许多髋关节紧缩的案例不

仅来自习惯模式，还是神经系统为了协助支撑盆底肌而产生的反应。在与盆底肌 理疗专家朱迪·弗洛伦佐博士（Dr. Judy Florendo）讨论时，她貌似赞同这个理论。

那么，为什么在髋关节紧缩时盆底肌需要额外的支持呢？前面讲过，TPC 稳定性受损、人采用收缩或紧缩策略进行控制时，会有大量向下的压力传递到腹部和盆腔。如果一个人平常就采用不理想的呼吸模式，因此控制腹内压的能力低下，这种情况就尤其明显。如果不能适当地利用膈膜和腹横肌，就不能产生腹内压力并反射性地激活盆底肌；因为压力增加，尿失禁的机会也更大。虽然并不理想，但髋关节后侧的紧缩是一个使用髋关节后侧肌肉协助盆底肌支撑的有效策略。

许多女性都有过压力性尿失禁（在咳嗽、打喷嚏、大笑、运动时），而且 30% 的年轻女性运动员都有压力性尿失禁的问题。即使没有尿失禁，但有多少人正在经受盆底肌功能失调的问题呢？如果呼吸不正确，过度使用辅助呼吸策略，或者抑制了深层肌筋膜系统，就有可能缺乏骨盆的反射性激活，那么增加的这个压力就会施加在骨盆上。改善对齐、呼吸、深层肌筋膜系统的激活是释放慢性髋关节紧缩及后续紧张的有效策略。

与其他紧缩模式类似，健身行业教给我们的许多指导都在帮助固化这

个功能失调。例如"收紧腹部""夹紧臀部"，以及"收缩背部"等指示，都会过度激活髋关节后部，不仅将推动股骨头在髋臼中前移，还会旋转骨盆形成骨盆后倾。

关于髋关节后侧紧缩，我们一直在问的一个问题是：收紧臀大肌时是否遇过困难？如果你与我们的学员及患者类似，那么在收缩或收紧臀大肌时都不会有困难。我们前面讲过，如果做某件事情很轻松，那么多半就不需要练习做它了，因为它可能已经成为我们习惯策略的一部分。我们的目标是改善臀大肌的功能，将它的功能与其他髋关节肌肉集成起来，共同在髋臼控制股骨头、共同控制骨盆的位置。

因为我们的文化崇尚美观，所以值得一提的紧缩髋关节的另一原因就是过度收紧髋关节的后侧或外侧，以便提升髋关节的外观或形态。人们相信，收紧或紧缩臀大肌下部可以收获理想的"翘臀"。但是，紧缩真的会美臀吗？

外形美观的臀部应该是圆滑的，更像是尖朝上的心形（图 5.21a）。而髋关节紧缩时，会收紧、收缩或紧缩表层臀肌纤维，这些纤维深入髂胫束／深层旋转肌肉。这些纤维的收缩，与深层旋转肌肉结合，会在髋臼内将股骨头推得前移。

另外，这个策略通过收缩和收紧臀大肌的下侧区域来改变臀部外形，

导致人几乎不可能将股骨头放回髋臼或者利用他们更深、更下部的臀大肌（图 5.21b）。结果就是，导致深层中下部的臀大肌纤维萎缩，这部分肌肉正好负责将股骨头拉回髋臼。所以，这种紧缩不仅会破坏臀大肌的外形，还会发展出髋关节、骨盆、下背部的功能失调。

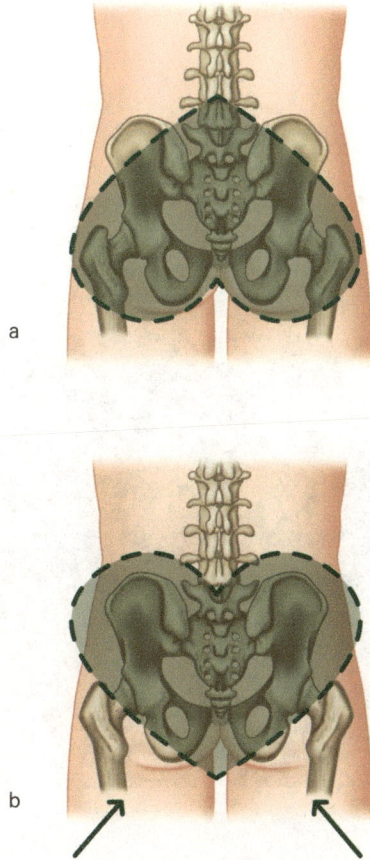

图 5.21　（a）外形美观的臀部；（b）收缩和收紧臀大肌下部区域，让人无法将股骨头放回髋臼，也无法利用更深、更下部的臀大肌

释放身体紧缩模式的好办法：学习臀部塑形

如果想学习如何放松髋关节、腹部、腰大肌、下背部，可以跳拉丁舞（例如莎莎舞或梅伦格舞）、巴西舞、非洲舞或肚皮舞。如果不放松髋关节，就根本没法像那样运动！像这样跳舞，可以很好地帮助恢复髋关节与核心的活动性、力量、功能。记住，关注身体的感觉是纠正有缺陷动作模式的关键。让大脑处于警觉的"学习"模式，让普拉提原则指导你的运动（图5.22）。

图5.22 通过舞蹈放松

紧缩策略的短期和长期影响

迄今为止，我们已经认识了三大常见区域（背部、腹部、髋关节）响应核心稳定不理想时的紧缩策略。我们已经讨论了紧缩的一些问题，包括：对三维呼吸能力的影响，不能实现腹内压，以及代偿的动作模式。例如过度弯曲腰椎来代偿胸腰部运动能力的缺乏（后背紧缩的结果）或者弯腰时骨盆前倾不足（髋关节紧缩的结果）。最后一节，我们要强调这些紧缩策略几个典型的短期和长期影响，并介绍它们在常见的众多肌肉骨骼综合征中的表现。

背部/腹部紧缩的影响

前面讲过，背部紧缩时，会有一个不稳定或活动过度的区域，通常就在受限区域下面。在不稳定的早期阶段，可能会经历椎间盘膨出和突出（图5.23）。如果这个策略持续下去，为了让脊柱更稳定，身体开始让更多的骨骼出现退化：医生将其称为退行性关节疾病或骨关节炎。久而久之，骨的这种增长会导致狭窄（椎管或椎间孔狭窄，神经根从椎间孔离开椎管）以及脊柱的其他关节问题。虽然医疗界经常将这个问题归咎于人的年龄或者简单地将退行性变化归为"正常"现象，但这些变化实际多数都是我们习惯模式的直接结果。换句话讲，我们已经养成了不理想的稳定策略和动作模式，这些已经作为软组织和骨骼的变化表现出来。

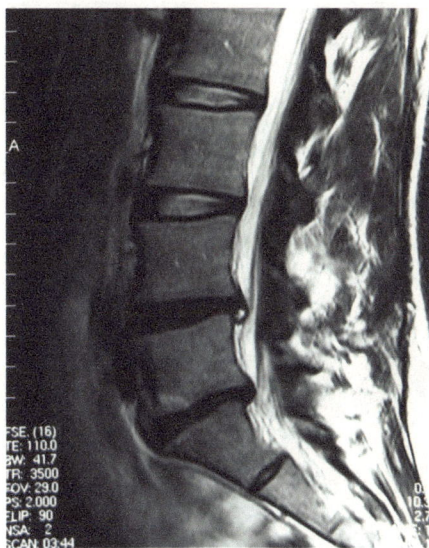

图 5.23 在髋关节紧缩导致的不稳定区域形成椎间盘膨出和突出

髋关节紧缩的影响

在髋关节紧缩的早期阶段，通常会有髋关节 紧张的感觉，或者总感觉需要进行泡沫轴滚动或者释放髋关节肌肉。一般来说，除非由受过训练、知道如何触摸股骨头区域的合格健康从业人员检查，否则感觉不到股骨头在髋臼中的前移。

除了髋关节紧张，患者的首要表现和症状就是 FAI，表现为弯曲、内收、内旋髋关节时，髋关节中前部或腹股沟疼痛（图 5.24）。在髋关节向后拉伸、将腿部拉成弯曲位时，或者

窄距深蹲时，会发生碰撞，实际上，在任何能够出现髋关节撞击位置的锻炼中都会发生。与 FAI 关联的还有：股骨头前移还会导致腹股沟和内收肌拉伤。

克服髋关节弹响

做普拉提的腿划圈运动时，髋关节发出听得见的弹响是普遍情况。如果与核心连接更深，在动作的髋关节延伸阶段加上想象的阻力，这种情况通常会有所缓解。根据我们的经验，做这个动作时，先激活深层肌筋膜系统，将划圈的脚放在弹簧或弹力带里，由它们承担腿部负重（或者屈膝来减少杠杆力）就总能消除弹响。

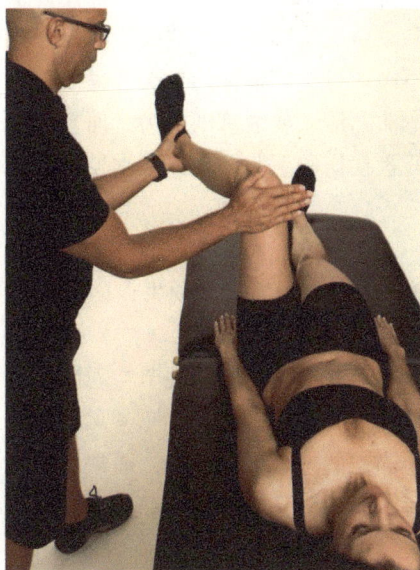

图 5.24 髋关节紧缩导致 FAI，表现为弯曲、内收、内旋髋关节时，髋关节中前部或腹股沟疼痛

如果疼痛和功能失调持续存在，而又继续使用已经后倾的髋关节，髋关节就会出现关节盂唇撕裂。在运动人群中这是个越来越常见的损伤，我们坚定认为这些撕裂的主要原因就是不理想的核心和髋关节稳定策略，包含过度紧缩，加大了进入骨盆的压力，继发髋关节后侧和外侧肌肉的过度紧缩来增强髋关节稳定性。

髋关节紧缩最显著的长期影响来自每天做得最多的活动——坐立。在过度紧缩髋关节时，不能将骨盆理想地定位在股骨头上；换句话讲，不能实现骨盆的中立位。由于不能理想地定位骨盆，就不能正确地将脊柱在骨盆上对齐。后果就是坐时骨盆后倾，躯干的负荷落在骨盆后面，这会增加下背部的压缩力，从而过度拉伸韧带和软组织（蠕变）。这会影响我们在不破坏脊柱完整性的情况下完成基于弯曲的活动或锻炼的能力，而且是椎间盘损伤和下背部疼痛最常见的原因之一。

如果髋关节紧缩策略持续了20～30年，就会出现失调的稳定和动作策略的长期后果。在 X 线影像中，通常有明显的髋关节空间减少、髋关节周围骨密度增加（参见图 5.25 中埃文的患者）。这些人通常有下部臀大肌的明显不适和萎缩现象，以及表层臀大肌的肥大。

这些发现呼应了对退行性髋关节患者的研究。研究结果表明，这些人的髋关节通常有深层肌筋膜系统的萎缩和表层肌筋膜系统的肥大［格里马尔迪（Grimaldi），2009］。

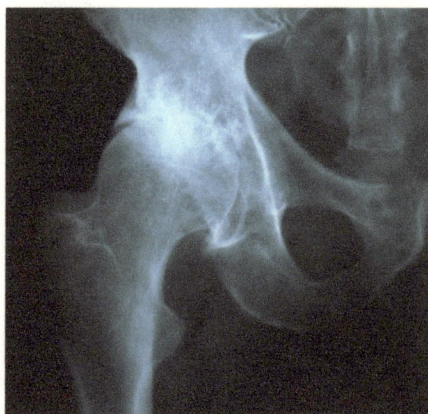

图 5.25　髋关节空间减少，髋关节周围骨密度增加，是髋关节紧缩策略的长期影响

在考虑了病史之后，埃文的患者报告说自己剖腹生产过一个孩子。埃文对她解释，这可能是她的躯干和髋关节发展出稳定性改变问题的原因，她提到自己产后至少一年有背部疼痛。这是髋关节退化常见的发展顺序：腹部或骨盆手术→不理想的核心稳定策略→长年代偿的动作策略，包括髋关节过度紧缩→最后关节退化（图 5.26）。但是，这些人中的大多数都能从改善的稳定和动作策略受益，即使在已经出现显著的组织问题或在手术之后也是如此。

小结

本章介绍了神经系统如何响应因为肌肉抑制导致的核心控制等级不理想。常见的神经系统策略就是加强调节，或者过度收缩（紧缩）躯干的特定关键区域（竖脊肌／腹部）或髋关节（主要是髋关节后侧和外侧肌肉）。这些紧缩策略直接影响我们的姿势以及执行日常活动（例如坐立）、下蹲，以及普拉提锻炼的方式。

要点在于，许多慢性肌筋膜紧张和疼痛表现以及退行性变化都是习惯性的稳定和动作模式的直接后果。不解决深层和表层肌筋膜系统间的不平衡问题，则很难，通常也不可能改变或改善我们的稳定和运动方式。通常必须先放松或减少肌筋膜的过度活动（紧缩策略）。然后必须控制神经系统，让它首先动员深层肌筋膜系统发展关节所要求的特定稳定等级。在这点上，我们可以加入下一层（表层肌筋膜系统），这样才能实现进一步的稳定／移动，实现要完成的任务。在前面呼吸和核心激活几节已经讨论过这个策略，接下来的一章将在这个概念上展开讨论。

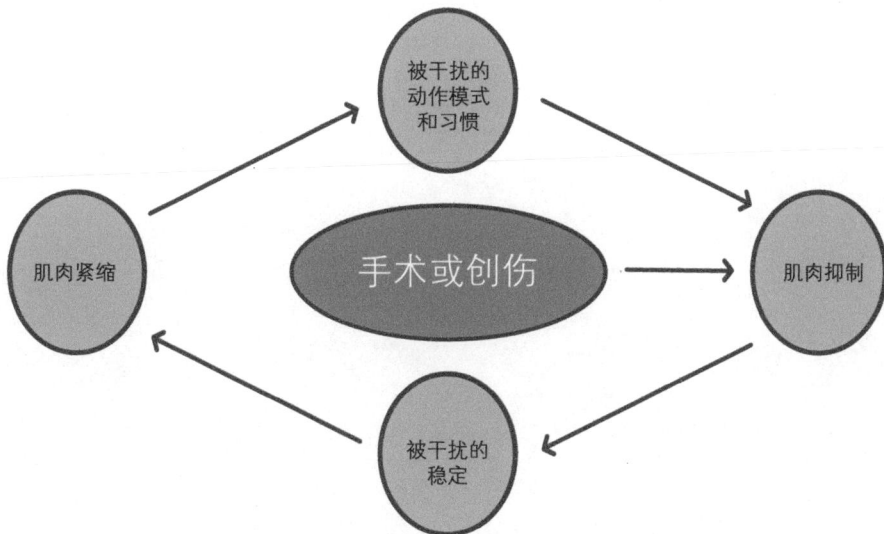

图 5.26　肌肉抑制、手术或其他创伤的直接结果会影响核心的稳定。神经系统的反应是过度激活或紧缩，这会导致被干扰的姿势和动作形成一个自我固化的恶性循环

将普拉提原则
融会贯通

6

每个人的身体都有被生活方式和环境因素、创伤性事件（例如手术或损伤）、神经发育挑战塑造的历史。健身教练们，包括普拉提导师在内，都需要熟悉每个动作习惯，尤其是可能引起疼痛或损伤的动作。学习辨识潜伏的模式，例如慢性肌肉紧缩、腹部膨出、骨盆不平衡，以及有缺陷的呼吸，这也能确保所用的锻炼是长期安全、合适、有益的。

幸运的是，人体和大脑是为适应和变化而设计的。在原始的6大原则指导下进行普拉提锻炼，是将功能性平衡和轻松恢复整合到我们运动方式中的理想方法（表6.1）。

本章将介绍如何在普拉提实践中运用本书迄今为止所介绍的方方面面。

表 6.1   普拉提 6 大原则指导

普拉提原则	实践指导
"轴心"是为了发展整体力量	用深层核心力量代替紧缩或收缩模式
"专注"表明指心态有重要影响	训练过程中保持专注。不要"漫不经心"
"呼吸"指专注和优化的呼吸至关重要。	将呼吸作为健身运动的一个重点。普拉提非常适合用来优化呼吸模式
"控制"要求清醒地完成运动，完全掌控自己的身体	意识和对身体掌控的潜力是无限的。要保持开放的心态
"精确"要求我们注意有缺陷的习惯；我们需要细致的指导来克服这些习惯	慢慢运动。准确地理解要做什么。采用基本模式和较轻的负荷。没有捷径
"流畅"指平稳而愉悦的动作协同	用流畅、动感鲜活的方式融会并探索动作模式

普拉提动力核心的运动感觉标志

普拉提围绕少数几个动作模式构建，与不断变化的环境结合，总能给学员带来新挑战，保持学员的兴趣。正因如此，普拉提的实践方法随着时间推移会越来越丰富，不断有新的维度应用于这项历史悠久的运动。

在普拉提中，每个锻炼都有双重作用：作为一种评估工具，作为一种纠正性锻炼。有经验的导师会观察学员的动作，查找肌肉不平衡和核心虚弱的迹象，并根据观察到的情况在动作上和口头上提供相应的建议。评估是一个持续而动态的过程，是训练的不可分割的一部分。久而久之，在明确的指导下，经过关键动作的重复，下意识模式被鉴别出来，重新打造成更稳定、更高效的模式，成就活力、长寿和整体的幸福。

普拉提锻炼提供了上述过程的结构，其中最有活力的部分在于肌肉运动意识——身体运动方式的意识和感觉。在正确的心态指导下，普拉提帮助身体唤醒自己，在需要时，普拉提导师也可以给予指点。为了注意到身体对自己哪里"不敏感"，导师必须学习对特定的模式进行鉴别。下面的运动感觉标志为发展核心的身体意识提供了新的组织框架。

在所列出的运动感觉模式中，几

乎每一种都会在任何一个普拉提锻炼中得到强调，但是我们建议在运动时把注意力控制在有限的几个模式上，以免让自己过或学员过于疲劳。看到学员的运动方式后，就会自然而然地决定应该将重点放在哪些领域上。学员的动作越慢，模式越基础，他们的感受就越多，你看到的也就越多。请选择适合课程的"头条"区域（最相关的或最明显的运动感觉挑战），通过不同的锻炼反复强调这些重点。

1. 注意并释放紧缩模式 最经常观察到的核心紧缩模式有：

- 背部（腰方肌、表层脊旁肌）；
- 腹部（腹直肌和腹斜肌）；
- 髋关节（屈肌：阔筋膜张肌、股直肌、腰大肌、臀大肌、内收肌、盆底肌）。

2. 激活功能活心

学习功能性地动员 TPC（腹直肌、腹横肌、腹斜肌、横膈膜、盆底肌、腰大肌、深层的脊旁肌），并与以下能力协同：

- 识别并隔离这些肌肉，区分核心的深层和表层；
- 在执行所有动作之前提前激活深层核心；
- 同心／离心地（腰椎变化）或等长地（腰椎无变化）激活核心肌肉；
- 用不同的强度激活核心肌群，为

所执行的任务使用级别合适的肌肉动作。

3. 骨盆中立

学习发现骨盆中立位并将骨盆稳定在中立位（或适合学员的改良的中立），同时腹部和深层背部肌肉等长收缩：

- 在上肢和胸椎有负载和无负载时的动作过程中；
- 在不同的动作平面（横断面、矢状面、额状面）；
- 在不同的重力平面（坐／站立、俯卧、侧向、仰卧、逆向）。

4. 呼吸

能为不同的活动控制和指导腹内压力：

- 学习在吸气时放松和扩展下腹部；
- 学习在整个呼吸周期中保持下腹部略收紧；
- 学习在吸气时对齐呼吸膈膜、扩展胸腔（向外侧和后外侧）、稳定胸腰部连接处；
- 在整个呼吸周期中能够保持肋骨打开；
- 在锻炼和费力的活动中，保持喉咙（声门）打开，保持呼吸持续。

5. 轴向拉长

发展脊柱围绕中轴拉长的运动感

觉，保持骨盆与呼吸横膈膜对齐。

保持全部腰椎关节（T12 到 S1）的拉长（克服压缩力和剪力）：

· 在上肢和胸椎有负载和无负载时的动作过程中；

· 在不同的动作平面（横断面、矢状面、额状面）；

· 在不同的重力平面（坐／站立、俯卧、侧向、仰卧、逆向）。

6. 胸廓活动性

提高胸廓的活动性以及在弯曲、伸展、旋转、外侧弯曲等动作以及这些动作组合时的结合度。

7. 流畅

学习为锻炼提供数量合适的协同力量，认识并调整卡壳、膨出、塌陷，或者过度收缩等动作，包括以下能力：

· 根据需要，认识并调整动作的源头和强度；

· 利用表层肌筋膜链获得不同作用力的力量和稳定性（加速和减速），同时利用深层核心的紧张稳定性；

· 在快速伸缩负荷训练中，利用筋膜的弹力；

· 自信且自发地协调物理环境中意料之中和之外的情况，而且愉悦又高效地完成工作。

在实践中，许多这些标志会彼此交叉，无法孤立地学习。随着一个领域的功能改善，另一个领域的功能也会随之改善。例如：

· 学会发现和稳定骨盆中立位置，包括腹部等长收缩、轴向拉长，以及对任何紧缩倾向的感知。

· 随着轴向拉长，学员将开始发展：

☆ 侧弯和伸长腰椎时的胸廓活动性和肋骨外侧呼吸；

☆ 后外侧呼吸，同时学习拉长脊柱，不在胸腰部连接处铰接；

☆ 感知和放松任何紧缩模式。

· 当学员学会给动作带来协同（深层和表层）适量的肌肉力量时，会同步发展流畅和不受束缚、持续的呼吸。

每个普拉提锻炼都提供了教授这些标志的机会，但是如果不能正确地将知识理解与运动意识融合，就很难学会。请在自己和学员的运动中看、听、触、感觉这些标志。慢慢地从低负荷锻炼开始。鼓励对细微之处有好奇心和关注。这有助于建立用更具功能性的模式代替旧的习惯模式所必需的意识。任何训练课的一条好原则就是：分配 20%～30% 的时间做精确而简洁的指导，给学员留出 70%～80% 的时间探索和发展运动意识。下一节将介绍有助于给这些运动标志带来意识的指导。

建立运动意识的指导方法

释放紧缩模式

· 腹部：用掌根轻轻按摩胃的外侧，注意按摩时的感觉。是否感觉到发胀或紧张？通过吸气增加下腹部的空间。放松腹部，让它在手上鼓起。

· 背部：轻轻按摩中下背部的大块肌肉和周围组织（可以用手按摩，也可以用泡沫轴）。注意所遇到的紧张感，促进紧张释放。

· 臀大肌／盆底肌：注意在底部是否遇到额外的紧张。如果不确定，试着尽可能紧地压缩底部，然后再放松。

☆想象耻骨、坐骨、尾骨。它们构成了盆底肌钻石形的轮廓。轻轻地只收缩前面，想象自己要憋住尿，然后释放。轻轻地只收缩后侧，想象自己要忍住不放屁，然后释放。接下来轻轻地抬起中间区域(女性的阴道，男性的睾丸)，然后释放。现在将三个点连起来，想象一根吊带或支撑物正在抬起器官。

☆想象在不挤压臀大肌的情况下拉近两块坐骨。现在想象在不挤压臀大肌的情况下将耻骨和尾骨拉到一起。（高级）运动包括将对角点拉到一起（例如，左侧坐骨到尾骨，右侧坐骨到尾骨，左侧坐骨到耻骨，右侧坐骨到耻骨）。

· 腹斜肌：将双手以一定角度放在下腹部（就像插在裤袋里一样），小指放在腹股沟折痕上。想象腹外斜肌向着这个方向跑。注意这个区域的任何紧张并缓和紧张。现在轻轻地将小指下面的肌肉收紧，但不要夹紧臀大肌。能否将一边隔离，然后再隔离另一边？将这个收缩带向无名指、中指，依次类推（腹斜肌）。现在试着彻底放松这些肌肉，看看能否轻轻地动员腹部，却不会感觉到腹斜肌"弹"进手指。

· 髋关节屈肌：仰卧，双腿靠在抗力球上或放在万能滑动床的踏杆上。按照下面"激活功能核心"部分介绍的方法激活深层核心。一手触摸髋关节前侧，确保没有紧缩髋关节屈肌或大腿内侧。想象深层有一条线从脊柱前侧连接到髋关节前侧靠近腹股沟的区域（腰大肌）。依然激活深层核心，缓慢地将腿沿着球滑动，或者在万能滑动床上下压蹬出，然后回到起始位置。轻轻地触摸髋关节前侧，感受移动时肌肉的激活方式。注意左侧到右侧的任何差异。看看如何给动作加入更少（或更多）肌肉力量以及加入后的感觉。不必担心对与错。大胆去探索，让身体对自己的选择有意识。

· 解决肌筋膜紧张过度，是重建功能性核心力量的核心部分。学员可能需要求助于手法治疗师／或者自我治疗来处理慢性肌筋膜紧张。关于触痛点自我治疗，有一个优秀的资源：《触痛点理疗手册》，作者克莱尔·戴维斯（Clair Davies）（2004）。

激活功能核心

· 首先，必须放松腹部。请将双手放在胃上。吸气时，感觉腹部轻轻上升到手掌里。呼气时，感受肚子轻轻地离开双手。（建立起呼吸模式的意识、有了放松腹部的能力之后，就可以参考后面的指导了。）

· 轻轻地收缩下腹部，从耻骨开始，然后，就像缓慢地拉上拉链一样，将这个提升一直延续到肚脐。想象内部有一张网或带子将肠子轻轻地抬向胸廓，减轻全部器官向下对盆底肌的压力。

· 想象非常柔和地收缩腰围，就像是轻轻地收紧腰带或者将两侧的髋关节收拢（TVA）。

骨盆中立

· 仰卧，双手放在下背部之下，保持背部微曲。收缩腹部肌肉，不要将背部压到手上。

· 拇指与食指形成一个三角形。将掌根放在髋骨上（ASIS），指尖放在耻骨上。这个三角应该与天花板平行（如果站立，应该与墙平行）。

· 为了更好地感受深层背部肌肉，轻轻地收缩盆底肌（耻骨到尾骨），不要挤压臀大肌。现在，将尾骨后侧的这个感觉带到骶骨后侧表面（骨盆后面倒三角形状的骨骼）。能将同样的感觉带到下背部的深层骨骼吗？感受下背部骨骼内以及周围轻轻地柔和张力。

呼吸

· 感觉下肋骨扩展到侧面，就像水桶的提手一样随着每次呼吸上下。试着每次将肋骨的打开保持几秒钟，然后再释放。

· 吸气进入胸骨基底到肩胛骨下方围成的区域。呼气时保持这个区域充盈。

· 吸气到胸骨和心脏之间的空间。想象吹起围绕心脏的一个气球，每次呼吸都给这个区域多挤出一些空间。

轴向拉长

· 想象自己的脊髓是橡皮做成的，从尾骨一直拉长到头顶。

· （如果看到 TLJ 有转动）吸气到肋骨后侧，在呼气时保持肋骨打开，使胸腔在骨盆之上对齐。

胸廓活动性

· 脊柱上卡住或不活动的区域，表明相邻区域需要更高的稳定性。因此，在整个脊柱上做轴向拉长，尤其在受限区域以下的脊柱节段；然后在受限区域做动作。

流畅

· 注意突然发起不畅或"卡壳"的地方。能否放缓通过这些部分的动作，找出更流畅、更不费力的运动方式？

· 一切都源自核心，并归于核心。在运动时，感受身体内各个部分的这种内在连接。

· 记住自己的标志：拉长脊柱，打开肋骨，呼吸，优雅而轻松地运动！

发现运动时感觉有困难的区域

如前所述，每个普拉提锻炼都是一个评估。下面是一些锻炼示例，包含基本的运动模式，而且容易发现学员身上有运动感觉困难的区域。使用口头、可视（包括图片）和触觉指导，帮助他们认识正确对齐，释放紧缩区域，拉伸并活动紧张或压缩区域，发现自己以前没有意识到的新选择。

运动感觉标志	普拉提锻炼
激活功能活心 学员能否调动数量合适的深层核心肌肉进行基本的动作模式，例如……	· 仰卧踏步？ · 腿拉弹簧？ · 膝关节拉伸变化？ · 大象式？ · 在多功能椅 / 万得椅上做洗衣妇式？ · 短箱上做弹簧下卷及弓背？ · 单腿站立椅上下压？
骨盆中立 学员在这些运动中能否保持中立骨盆……	· 仰卧踏步？ · 垫上腿部划圈？ · 卷腹？ · 坐姿屈髋 / 伸展模式，包括胃部按摩变化以及在万得椅 / 多功能椅上的坐姿踏步？ · 单腿站立椅上下压？
呼吸	腹部—腰部： · 仰卧时，学员能够在吸气时用气体填满腹部，并在呼气时轻轻收缩腹部肌肉？ · 在短箱上做弓背变化时有什么表现？

运动感觉标志	普拉提锻炼
呼吸（续前页）	后外侧 呼吸： ·吸气时，学员能否展开 TLJ： ☆在四肢着地位或婴儿姿势时呢？ ☆在垫上或万能滑动床做桥模式时呢？ ☆在坐姿短箱变化时，例如持杆举臂、旋转、直背后伸时呢？ ☆靠墙站立（挑战：双臂在门框内，就像墙壁天使一样）？ ·呼气时学员能否保持 TLJ 扩张？
轴向拉长 在以下运动中，学员能否认识并纠正在每个脊柱节段上不应该有的压缩力、弯曲力、剪力……	胸廓中部 / 胸骨： ·学员在站姿和坐姿做下卷变化时能否加大这个区域的容积（靠墙、脊椎前伸，以及在其他时候）？
背部、腹部、髋关节紧缩模式	·短箱：向外弯曲、旋转、后伸？ ·坐姿屈髋 / 伸展模式，包括胃部按摩变化及椅上坐姿踏步？ ·四肢着地屈髋 / 伸展模式，包括捕鸟犬式、膝关节拉伸变化，等等？ 背部——胸部和腰部的竖脊肌肉在以下活动中是否使用过度： ·站立（双腿及单腿）？ ·万能滑动床上拉皮带？ ·万能滑动床上俯卧弯腿？ 学员在做脊柱伸展锻炼，例如天鹅式时，是否过度动员了这些肌肉？ 腹部——站立姿势时： ·骨盆是中立的还是前倾斜的（髋关节屈肌、下背部紧缩），还是后倾的（腹部、髋关节伸肌紧缩）？ ·腹斜肌和腹横肌上是否有几条明显的紧张线？

运动感觉标志	普拉提锻炼
背部、腹部、髋关节紧缩模式（续）	髋关节屈肌——学员在以下运动中是否表现出髋关节屈肌紧张： · 多功能训练台上的托马斯试验？ · 垫上腿部划圈？ 盆底肌 / 臀大肌——学员做以下运动时是否会夹紧 / 收缩这个区域： · 踏步？ · 卷腹？ · 单腿站立或双腿站立模式？
胸廓活动性 做以下活动时，学员能否在稳定腰椎和骨盆时，活动 / 连接胸椎 ……	· 站姿和坐姿下卷变化（靠墙、脊椎前伸，等等）？ · 在弹簧协助下后卷？ · 外侧弯曲模式（短箱、美人鱼变化式，等等）？ · 坐姿、站姿、四肢着地式、弓步时转体？ · 动作是否有卡壳、膨出、塌陷或者过度收缩？
流畅 每次训练都要体验到流畅。即使最基本的模式也要用流畅的方式。不要指望完美，但时刻都要清楚目标是流畅，调整速度、负荷、动作范围，找到轻松感觉出现的"甜点"。	

探索运动感觉标记的锻炼

在将普拉提课或私人运动组合起来时，选择一个或两个运动感觉标志，把自己选择的锻炼组织起来，围绕这几个标志做指导，为课程提供一致性和方向。

下面是一些标准的普拉提锻炼和治疗性锻炼，由适合表现运动感觉标志的基本动作模式构成。重要的是在不同的重力平面强化这个意识，让身体和大脑为处理课堂外的各种环境做好准备；所以这些锻炼包括仰卧、俯卧、四肢着地、侧躺、坐立、站立等姿势。同一种锻炼的指导会根据所强调的运动感觉标志不同而有差别。改变指导（根据前面一节的表格，采用自己的语言和建议），强调不同的标志。

腿滑动

仰卧，双脚放平，膝关节弯曲，双手放在胃上，感受核心的参与。将一条腿沿垫子落下，然后再收回来。换对侧重复。

在万能滑动床上（有一条或两条弹簧）：仰卧在万能滑动床上，一只脚在踏杆上，另一只脚在床的最高处，慢慢地将滑车推出，再放回来，轻轻地抵抗弹簧的拉力。一条腿重复几次后，换对侧腿重复。

踏步（三条重型弹簧）
腿拉弹簧（一根重型弹簧，一根中型弹簧）

在重型训练器床上：仰卧在万能滑动床（骨盆中立）上，双腿放在踏杆（或腿拉弹簧中）。在踏杆上，位置可以包括平行（脚跟、足弓、脚掌和脚趾之间）；在踏步和腿拉弹簧中，腿可以打开（脚跟并拢，脚趾分开），用宽蹲位置或者其他变化。慢慢地将滑车顶出，再放回，轻轻地抵抗弹簧的拉力。重复几次。在腿拉弹簧中，试着在每个方向上划双圆、矩形、三角形。

踏步

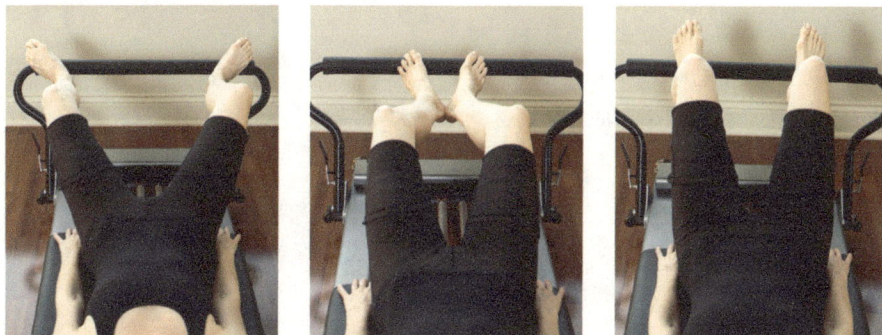

腿拉弹簧

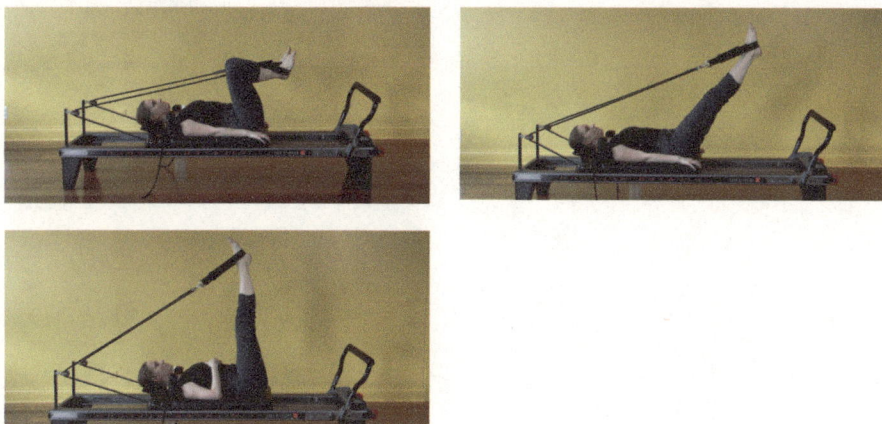

踏步和下肢抬起变化

· 第一级——从仰卧开始，膝关节弯曲，骨盆中立位置。将一侧膝关节抬起到髋关节上，保持下肋骨与垫子接触。回到起始位置，换对侧。

· 第二级——从桌面高度开始（脚抬离地面、膝关节在髋关节上）。一只脚落地，保持膝关节90度不变，下肋骨与垫子接触。将脚抬回到起始位置，换对侧。

· 第三级——抬起下肢（改良的变化）。两侧膝关节向着地面落下，幅度不限，保持下肋骨与垫子接触，前肋保持整体性。确保骨盆保持稳定，避免拉伤下背部。抬回起始位置，重复。

· 第四级——抬起下肢（完全变化）。双腿并拢伸直，向着地面落下，幅度不限，保持下肋骨与垫子接触，前肋保持整体性。确保骨盆保持稳定，避免拉伤下背部。抬回起始位置，重复。

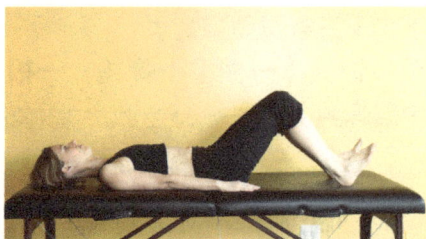
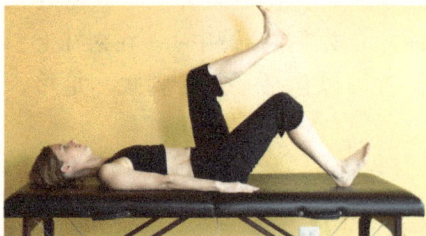

抬胸 / 卷起

　　仰卧，骨盆中立，双手轻轻放在头后，为颈部提供部分支撑。呼气时抬起头部和胸部；吸气时放下。整个动作中保护骨盆中立。抬起下腹部，保持胸廓彻底地向后外侧扩张，防止给盆底肌带来向下的过量腹内压力。为了激活上腹部，可以将胸骨底端向着耻骨滑动，鼻尖伸向肚脐。

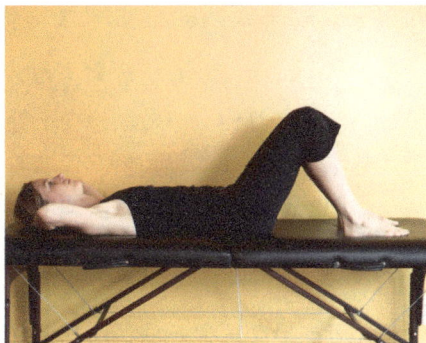

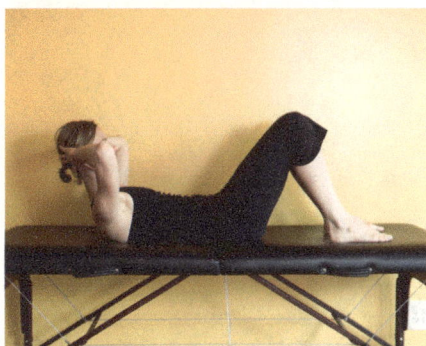

桥变化：垫上或万能滑动床上

在垫上：仰卧，双脚放平，膝关节弯曲。一节骨骼一节骨骼地向上卷动，像看X光一样感觉每一节椎骨在动作中的连接。按同样做法躺回垫子。重复，将注意力一直放在每一块骨骼的动作上。

在万能滑动床上：放低头枕，加上2到5条弹簧（从更重的弹簧开始，减少张力增大难度）。

· 平躺，脚跟在踏杆上分开。（踏杆在最高位。）

· 上卷（从髋关节开始）到最下面的肋骨。换句话讲，最下面的肋骨应该触垫，而髋关节应该抬起。

· 吸气到腰肋这个区域（胸腰部连接处），感受肋骨扩展到垫上。轻轻地将前肋夹到一起，就像尝试紧身衣一样。

· 脚部用力，伸直双腿，将滑车推离踏杆，自然呼吸。不要让腰肋离开垫子。

· 将滑车恢复到起始位置，注意保持脊柱的位置（髋关节抬起，腰肋触垫）。

· 继续动作，上上下下，注意呼吸到腰肋处，夹紧前肋。

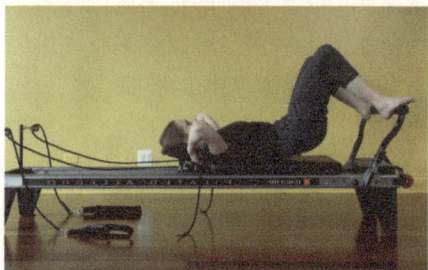

天鹅式

　　俯卧，曲肘，双手叠放，垫在额下。耻骨下压贴近垫子，轻轻收起腹。

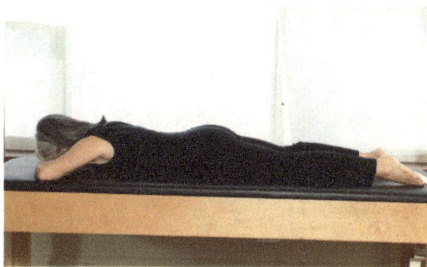

　　· 开始时，只抬起头部和肩部，只卷起到胸骨底部保持在垫上为止。重复这个动作，感受上背部肌肉，保持下背部肌肉平静。

　　· 找到上背部肌肉后，加大难度，保持双手贴在前额上，将双手双臂也抬起来。

　　· 最后，继续将脊柱抬得更高，总用上背部肌肉开始，保持深层腹部支撑来保护下背部。扩大抬起的范围，超过心脏和胸骨位置，促进这个区域的打开。放下时，将脊骨一节节向着垫子落下，感受每节脊椎的连接。

膝关节拉伸变化

准备：在万能滑动床上装一根重型弹簧。采用四肢着地姿势，脚顶在肩托上，前臂放在踏杆上。要想更舒适，可以将踏杆调低，在上面加一个短箱，保证放牢。

为了保证学员首先掌握用双臂推开滑车（同时稳定髋关节）和用双腿推开滑车（同时稳定双臂）的区别，请让他们先运动几次，确保能够区别这两种模式。

· 吸气，填满腹部，只用双腿（手臂不用力）推开滑车。

· 暂停。收腹（教练员可以将手放在学员的胃部帮助他们找到收腹的感觉）。

· 呼气，慢慢地将滑车拉回来。

· 重复。

· 适应了这个模式后，可以加快速度，并保持下背部和骨盆稳定。

然后可以进展到膝关节完全伸直（一根重型弹簧，一根中型弹簧）。可以撤掉箱子，抬起踏杆。将手掌硬的部分放在踏杆上（拇指和手指并拢），伸直双臂，向后坐在脚跟上（有脊柱弯曲或伸直的变化）。用更自然的呼吸重复前面的锻炼。核心在整个动作模式中被轻轻抬起。膝关节前后移动的速度加快。骨盆稳定在中立位（即下背部不会在弯曲和伸直位

之间弯来折去）。

大象式

　　在万能滑动床安装一根重型弹簧和一根中型弹簧。小心地踏上万能滑动床，双手放在踏杆旁边，脚跟放在肩托上，就像瑜伽的下犬式（Downward Dog）一样。拇指和其余手指并拢，手掌根应该扶在踏杆上。拉动双肩离开双耳。

· 吸气，填满腹部，只用双腿（手臂不用力）推开滑车。

· 暂停。收腹（教练员可以将手放在学员的胃部帮助他们找到收腹的感觉）。

· 呼气，慢慢地在数三个数的时间内将滑车拉回来。

· 重复。

鸟犬式

　　双手和膝关节着地（四肢着地式），肩在手腕正上方，髋关节在膝关节正上方。激活深层核心，从尾到头拉长脊柱。

　　变化1：抬起左手和右侧膝关节。换对侧重复。保持髋关节和下背部的稳定性。

　　变化2：伸直左臂和右腿。保持脊柱和骨盆中立位。现在让手和膝关节在肚脐前相遇。重复，伸直手臂和腿，再用手触膝关节。缓慢地做6到12次，然后休息，换对侧重复。

　　变化3：抬起（或伸直）同侧腿和手臂，其他做法与上一变化相同。

　　变化4：要想增加乐趣和难度，可以跪在泡沫轴上做这些变化动作！

四肢着地及低弓步变化

用四肢驱动所有这些前屈和旋转模式（要加大难度的话，可以一条腿前伸成低弓步，保持每个膝关节和髋关节成90度）。

猫/牛式：猫和牛拉伸包括交替弓背、弯曲脊柱（猫拉伸），以及拱起或伸直脊柱（牛拉伸）。要增加变化的话，不必只交替地弯曲和伸直背部，可以强化脊柱在大脑中的心理地图，一次连接一节脊椎。如果在做猫拉伸，从向天花板卷起尾骨开始，然后向上一节节卷起脊柱的每个节段，最后抬起颈部，然后才是头部。要恢复猫拉伸，再次从尾骨开始，在两腿间卷动它，缓慢地将脊骨一节节地连接到头部。

旋转：抬起一只手，伸过身体中线（如果弓步，则向着前腿）。针对脊柱的深层旋转肌肉轻轻弹动，伸展并探索对侧手和膝关节（如果一只脚前移，则是对侧髋关节）之间的区域。不要停在那里。在头上与地面平行的区域向着支撑臂继续这个律动。

四肢着地锻炼胸廓伸展和旋转模式，将一只手臂从身体中线转向天花板，然后返回四肢着地或弓步。

练习侧弯，从中身体中线外转，然后将手臂伸直与地面平行，就像瑜伽的侧天使式（Side–Angle Pose）一样。

最后是最复杂的模式：将前面两个动作（旋转和侧侧弯）组合成自由泳模式。向着屋顶旋转，然后向外转体，伸长手臂，然后恢复起始位置，肩与地面成直角。注意要保证手臂动作从胸廓旋转开始，否则会有肩部损伤的风险。

万得椅 / 多功能椅上四肢着地或平板支撑做单臂俯卧撑变化

在椅子上装一根弹簧。用直臂的平板支撑姿势，跪姿，或者一腿伸直，一只手放在垫上，另一手在踏板上。将踏板向地面压，然后小心地将它恢复到起始位置，保持躯干和骨盆全程与地面垂直（它们会倾向于想要向着踏板旋转）。重复几次，然后换对侧继续。

万能滑动床上侧躺踏步

在万能滑动床上安装一根或两根弹簧。侧躺，头在头枕上（可以加个垫子增加舒适度），髋关节后侧靠在滑车边缘。两侧髋关节叠在一起，下边的腿向胸部弯曲。上面的腿搭在踏板上，脚跟与膝关节成一条线。膝关节不要低于上面髋关节的水平。开始时将上面的腿伸直，保持伸长、放低的脊柱和骨盆中立位。弯曲膝关节，回到起始位置。重复几次，然后换对侧。

要在侧躺时加大难度，可以在跳板上跳着做，或者一只脚挂在弹簧里做！

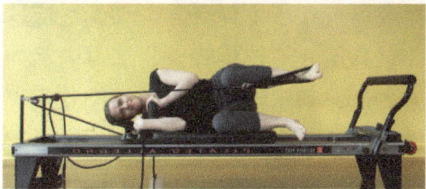

章鱼触手式

这个锻炼可以在垫子或任何器材上做，做时使用弹簧或弹力带。从侧躺位开始，髋关节叠起，骨盆中立。将腿在任意方向移动，像章鱼的触手一样。感受这个动作如何从核心发起。在动作期间，练习保持下背部和髋关节稳定。用各种变化做这个运动。探索并努力做到轻松，尽量调动所有的运动感觉。

弓背变化

坐在地上，膝关节弯曲，双脚放平，双手在大腿后轻轻保持住。将脊柱弓起来，目视肚脐。吸气、弓背，伸直双臂，用空气填满腹部。呼气，恢复起始位置，将肚脐拉向脊柱。重复这个模式几次。现在将一只手放在腹部，另一只手放在大腿后边。重复这个锻炼，向后时吸气，向前时呼气。感受腹部肌肉随着吸气在手下扩展，随着呼气在手下离开。运动到适应这个动作为止。使用弹簧，练习向后向上卷起，利用弹簧的张力协助完成训练中难做的部分。

在短箱上（参见下一个锻炼的照片），将双脚放在安全带下。双手放在胃部。向后时吸气，用空气填满腹部，后前时呼气，感受腹部在手下离开。重复几次。

短箱系列变化（坐姿、跪姿弓步或站姿弓步）

短箱锻炼提供了一些最好的胸廓活动性运动 机会（例如侧弯、扭转、伸臂扭转、划船）。许多运动也可以在站立弓步时进行（对瑜伽运动者来说，也可以采用战士式）。运动时考虑了以上原则后，侧弯、旋转、弯曲、上卷这些模式就有了感觉和挑战，从而生动起来。不需要严格坚持经典模式。做短箱动作时可以有创意。

前曲时加入旋转（例如伐木式），双臂伸向侧面，就像字母"T"。可以采用传统的伐木式做大型清扫动作（旋转、向下伸、上卷，换另一侧）。这可以调动上身更大的肌肉链条。还可以在前旋伸展的范围尽头加入细微的弹动。与大型清扫动作相比，这个变化有助于唤醒和拉伸脊柱深层外侧旋转肌肉。然后，通过细微的弹动方式，可以探索地面和天花板之间的整个范围。注意在哪里感觉到约束。

接下来，在旋转离开中线时，重点关注胸廓的伸展。将双臂以"V"字形式向天花板伸展，加入细微的弹动。越伸越高，可以只通过心脏区域打开和后弯（腰椎拉长，TLJ 稳定）。

向前在腿上划船，然后向左划船，然后向右划船。哪里需要拉伸就向哪里划，发现有束缚时，停下来，深呼吸，直接给这个区域的肋骨充气。要增加额外的本体感觉挑战，可以用跪姿、站立、弓步位进行这些变化动作！

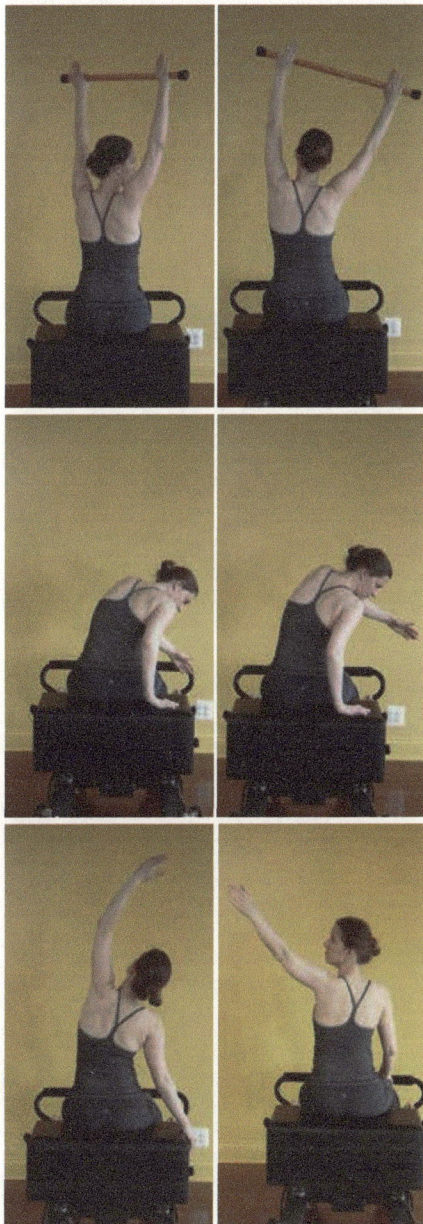

胃部按摩变化

　　在万能滑动床上：安装 1 到 4 根弹簧。坐在滑车上，双脚放在踏杆上（传统做法是脚跟并拢，双脚分开，但也可根据需要改动），骨盆中立，脊柱尽可能拉长（为了避免滑动，可能需要坐在防滑的垫板上）。为了协助轴向拉长，开始可能要选择借助手臂抬高脊柱，推在滑车上，或者手臂向后抓住肩托（更高级的变化还有手臂伸过头，或伸向天花板）。开始时，伸直双腿，将滑车推离踏杆。通过脊柱变得越来越长，恢复起始位置并重复。

　　更容易的变化是，减少弹簧数量，将脚放在踏杆下方或放在平台上。

　　更困难的变化时，伸腿时加入胸廓旋转动作。

美人鱼变化：万能滑动床上或垫上

美人鱼的传统做法采用"Z"式坐姿，一只手（与弯曲的膝关节同侧）放在地上或万能滑动床的踏杆上（一根弹簧）。在吸气时，对侧手向天花板、向对侧伸展，同时脊柱向固定的手侧弯。在万能滑动床上，滑车会滑动离开踏杆。要完成整个呼吸循环，脊柱要恢复直立位。重复上述做法。

有许多方法可以给这个锻炼添加流畅的动感，一个有趣的变化就是利用家具的滑门（双手放在滑门上）"磨"地板。流畅与轻轻弹动相结合，用感觉良好的方法拉伸和连接脊柱。移动到前方和两侧，呼吸，处理感觉被卡住的区域。

坐姿膝关节伸展和髋关节弯曲

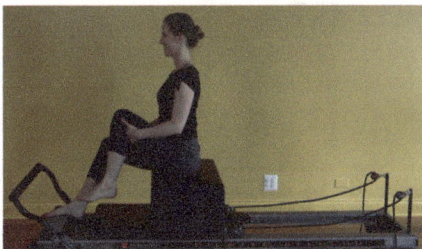

坐在椅上或短箱上，坐直，骨盆中立。抬起一个弯曲的膝关节，双手扶在大腿下。练习拉长和弯曲这条腿，同时保持脊柱伸长（教练注意脊柱哪里有弯曲，鼓励学员拉长这个区域）。

然后放下这条腿，保持离地几厘米，同时保持脊柱伸长。要加大挑战，可以在大腿向上抬到掌心时，下压腿的顶部。继续拉长脊柱下方，对抗躯干和髋关节屈肌收缩的压缩力。

脊柱前伸：垫上或万能滑动床上

在垫上：坐在地上，双腿向前伸展。感觉自由地用垫子提高髋关节，如果需要，可以弯曲膝关节，确保骨盆中立和脊柱下部拉长（不弯曲）。收腹，拉长脊柱。保持脊柱下方的这种抬升，开始从头部到背部中间连接关节，一次弯曲一块骨骼。为回到坐姿，请使用上背部肌肉将脊柱连接回起始位置。重复以上动作。

在万能滑动床：万能滑动床必须升高到腿上以执行这种锻炼变化形式。在万能滑动床安装一根弹簧。坐在万能滑动床中间（滑车和背架之间的空间），双腿向前伸展到滑车下。用垫子抬高髋关节，如果需要，可以弯曲膝关节，确保骨盆中立和脊柱下部拉长（不弯曲）。坐远一点以保持弹簧有一定的张力，手掌硬的部分扶在肩靠上。开始时收腹，拉长脊柱。保持脊柱下方的这个抬升，开始从头部到背部中间连接关节，一次弯曲一块骨骼。允许弹簧的张力将身体向前拉，同时轻轻地对抗脊柱下部的弯曲，体会拉长的感觉。吸气到任何感觉紧张的区域。为了回到坐姿，请使用上背部肌肉将脊柱连接回起始位置。重复以上动作。

椅上单腿下压

在椅子上安装一根弹簧。面对椅子站立，距离踏板一个大腿的距离。抬起一只脚，放在踏板上。拉长脊柱，朝着地面下压踏板（不是压到底）。将踏板在控制下逐渐恢复原位。重复几次，然后换对侧。

为了增加本体感觉的挑战，请将双手合拢，转体，随着脚向下压踏板，双臂向右伸。曲肘，旋转中心，同时控制踏板的向上动作。向左侧重复上述动作。可以在下压踏板时增加其他动作来形成变化和挑战（例如胸廓弯曲／伸展、脊柱侧弯，或者髋关节铰链，同时脊柱拉长伸直，特别关注腰部稳定性）。

要想加大难度，可以在下压踏板时：

· 双臂过头，向两侧侧弯胸椎；

· 旋转胸椎，增加伸臂；

· 向前屈体，注意稳定脊柱的全部关节，尤其是腰部关节（T12–S1）；

· 为了强化支持足弓的肌肉，将屈体与一侧下探动作结合，再换另一侧。

椅上上步

　　椅子上安装两个强力弹簧。上椅子时，双手放在椅子"座位"的两侧。一只脚放在踏板上，体重落在踏板上，将踏板压到地上。将另一只脚放在椅子上。选择一只脚，将它放在椅子的座位上，脚尖向着后缘，调整踏板上的后脚。下降，直到静止腿的髋关节和膝关节成90度。稳住脚部，压回顶部。重复几次，然后换对侧。

　　注意：开始时可以在高椅上做这个运动，或者用万得椅／多功能椅，靠着墙来提供支撑。

　　（如图所示，还有侧着向上的变化形式）

重组训练器弓步变化

在万能滑动床上放一根重型弹簧。站在万能滑动床滑车的左侧，将右脚掌顶在肩靠上，膝关节放在滑车上，脚趾前屈伸展。将左脚靠近万能滑动床的腿，双手（或手指）放在踏杆上。向后压右腿，动员髋关节伸肌，保持骨盆中立（避免股骨向前滑动）。在左侧臀部和股四头肌等长运稳定左腿时，感觉拉伸到右侧髋关节前部。继续这个动作几次，然后换对侧重复。

要提高这个锻炼的难度：

· 抬起后腿膝关节，在腿和滑车前后移动时保持抬起。

· 双手离开踏杆。

· 增加胸廓旋转。在右腿后移时，向左旋转胸廓。右腿前移时，将胸廓转回来。

· 增加双手举过头顶，同时胸廓侧弯。

· 腿后推时身体前屈（注意稳定腰椎关节），使用静止腿的臀大肌和股后肌群恢复直立位。

术语表

激活

刺激本体感觉系统增加肌肉或肌肉群的力量或响应性的技术。换句话讲，这是在创伤、炎症、使用不当后继发的肌肉抑制或关闭时打开肌肉的策略。激活技术包括可视化（让中枢神经系统与肌肉连接），等长收缩（稳定关节位置，打开关节周围的肌肉），触摸肌筋膜附着处、韧带、皮肤、关节囊（刺激本体感受器）以及呼吸（激活横膈膜及深层肌筋膜系统的其他肌肉）。

自主神经系统

外周神经系统的一支，影响内脏器官的功能，包括心脏和呼吸频率，以及消化和泌尿系统。ANS分为交感（战斗或逃跑）和副交感（休息和消化）神经系统。

旋转轴

关节旋转时想象的通过关节的中心点或中心线。可以将旋转轴心想象成汽车轮胎旋转的轴心。在人体中，轴心由关节开关以及关节周围的软组织结构（关节囊和韧带）决定。保持理想的旋转轴心，对于流畅、协调的动作是必需的，而且依赖于理想的动作控制。

绷紧策略

关节周围的肌肉收缩以增加稳定性。例如，腹肌和躯干及脊柱周围的竖脊肌协同收缩，提供核心的稳定性。这是稳定等长位置的有效策略，但如果长期保持这个策略或者让它成为主要的稳定策略，可能对身体有害。

呼吸激活策略

利用三维呼吸和深层肌筋膜系统的激活来发展理想的核心稳定策略。呼吸激活策略有助于发展呼吸和深层肌筋膜系统激活之间的协同，应该在做更高级的普拉提锻炼之前建立该策略。

轴心

将身体核心放在最理想的锻炼位置。对许多锻炼模式来说，包括在进入或返回特定的动作模式之前先实现头、胸廓、腰椎、骨盆的中立对齐。

中枢神经系统

神经系统的组成部分，包括大脑和脊柱，控制人体的全部活动。

协同激活

收缩关节周围的肌肉或身体某个区域保持最优的旋转轴心和关节控制，不论是在静止位置还是在移动。换句话讲，同时有不同的肌肉共同工作来提供对关节的支撑，使关节保持稳定，并在不损失理想位置的情况下移动。

向心收缩

肌肉收缩时，肌肉的附着点彼此靠近，将骨骼向着肌肉附着的位置移动或加速。提起重物或身体部位或者身体加速时，一般都包含向心收缩。

控制

有意识或无意识地产生平滑、协调的姿势及动作的能力。控制是在不代偿实现稳定的情况下产生平滑、协调动作的前提条件，可以通过运用普拉提原则发展控制力。

核心稳定

对齐和控制身体的一种策略，让关节处于合适的位置，让肌筋膜系统能够高效地承担任务的需求。不仅必须在静止位置保持核心稳定，还必须在动态的动作过程中保持；但是，实际应用的策略（用的力量大小）根据任务的需求而异。

纠正性锻炼

为了解决姿势变形、稳定策略不理想、动作模式不理想而专门设计的锻炼。换句话讲，是为了实现理想的姿势和动作而创建的锻炼，给肌肉和关节的压力最小，从而减少损伤的可能性。

离心收缩

肌肉收缩时，肌肉的附着点相互远离，从而给动作减速或放慢动作。放下负重或身体部位、放慢动作，通常包含离心收缩。

筋膜

致密的结缔组织，几乎与人体的每个结构融合。筋膜包含收缩性和感觉性的元素，因此才能对姿势、稳定和动作进行协助。肌筋膜系统（肌肉和筋膜系统的连接）提供对姿势和动作的支撑。

前馈机制

特定肌肉预见性地在主动作之前几毫秒提前收缩（通常是一个关节肌肉），以便稳定关节结构。例如研究表明，在没有疼痛或创伤的人身上，腹横肌和盆底肌会在肢体运动启动之前激活。

不耐弯曲

对弯曲位置低容忍。这些人脊柱弯曲时（坐，弯腰，做卷腹、上卷、百拍之类基于弯曲的锻炼）时通常有背部不适或肌肉抑制。

力锁合

收缩肌筋膜系统提供关节稳定性。理想的力锁合提供姿势和动作所需的稳定和控制。

形封闭

关节、关节周围韧带、关节囊提供关节稳定性的固有形状。例如，骶髂关节具有高度的形封闭，因为翼形的骶骨被控制在两块髋骨之间，关节结合面突出。对比之下，肩部的盂肱关节形封闭程度就较低，因为它是球窝关节，肱骨头比关节窝相连接的表面大得多。不论是什么程度的形封闭，所有关节都依赖肌筋膜系统或力锁合实现稳定性。

紧缩

过度收缩肌筋膜系统来提供关节稳定/控制。紧缩通常是有意识的（努力挤压肌肉，因为更多收缩通常被视为更好），或在手术及其他创伤后、炎症期间下意识的（肌肉抑制继发的反射收缩）。紧缩的身体部位通常会出现慢性紧张/触痛点。

抑制

敏感性下降或者缺乏到肌筋膜系统的理想的神经输入。抑制通常发生在创伤、手术、炎症后，导致肌肉响应弱化。必须激活受抑制的肌肉，并将其集成到合适的动作模式内。

综合

在做基本的普拉提模式时，达到对齐、呼吸、控制的理想协同。

腹内压力

因为横膈膜、腹肌、肋间肌及其他呼吸肌收缩而在腹腔内产生的压力。腹内压力协助躯干、脊柱、骨盆的稳定和减压（即压缩或压力更少）。

等长收缩

肌肉收缩时，肌肉长度不变化。这类收缩通常用来稳定关节或体位，在离心收缩和向心收缩之间转变的过程中也会发生。

肌肉运动意识

发展身体各个部分意识和身体敏感性的过程。肌肉运动意识是改善姿势和动作至关重要的部分，因为必须经常地提高肌肉运动意识或对当前习惯的意识，才能采用或发展更理想的意识。

肌筋膜线路/链条

深层和表层肌筋膜系统的组合，在解剖上和功能上链接在一起，对各种姿势和动作产生影响。

肌筋膜系统

由骨骼肌及相连的筋膜构成的系统。分为深层肌筋膜系统（深层肌肉和它们的筋膜，筋膜直接附着在关节上）和表层肌筋膜系统（表层肌肉和它们的筋膜），排列在肌筋膜线路或链条上。

神经可塑性

大脑通过各种刺激，包括（但不限于）体育活动、精神刺激、环境、教育、疼痛，改变并适应它的神经突触和神经网络的能力。在锻炼过程中有意识的行为、使用图像和意识控制，是提高大脑神经可塑性的一种方法。

中立对齐

姿势和动作对齐理想时的位置，有利于关节承重，软组织和骨结构的磨损和撕裂最少。帮助个体发展中立对齐的意识和控制，是早期发展理想姿势和动作的重要部分之一。

外周神经系统

神经系统的一部分，包括脑神经和脊神经。外周神经系统在身体和中枢神经系统之间接收和传递消息。

本体感受

神经系统的能力，从肌肉、筋膜、韧带、关节的受体，以及视觉和前庭系统接收信息，以便感知和调整姿势和动作。

僵硬

由于肌筋膜系统过度激活，导致关节或身体部位僵硬和缺乏活动性。僵硬通常会限制动作的范围和灵活性。胸廓周围发生僵硬时，会限制理想的三维呼吸，久而久之会形成过度的关节紧张。

体神经系统

神经系统的一部分，负责骨骼肌的自发控制。体神经系统包括脑神经和脊神经。

协助肌肉主导

肌肉或关节存在抑制时，主稳定肌肉或运动肌肉的作用被协助肌肉代替的情况。换句话讲，本来是运动时起协助作用的肌肉反而起到了主导肌肉的作用。例如，臀大肌抑制会导致股后肌群成为髋关节伸展的主动肌肉。成为协助主导的肌肉通常是习惯紧缩的那些肌肉，也是这些区域发展慢性紧张的原因。

张拉膜结构

肌筋膜系统稳定身体的能力，通过紧张和"漂浮"压缩将压力分布到全身，而不是集中在任何一个区域。张拉膜结构使身体能够拉长和悬挂，而不必通过过度压缩来实现稳定性和动作。

胸骨盆筒状区

胸椎、胸廓、腰椎、骨盆综合构成的区域。也称为核心。

三维呼吸

利用整个胸腔、腹腔、盆腔的能力，这样在呼吸周期中，这些区域在三个维度扩展和放松——由上到下（顶部到底部）、外侧（两侧）、前后（前到后）。

参考文献

Baniel, A. 2009. *Move into Life: The Nine Essentials for Lifelong Vitality*. Random House, Inc.: New York, NY.

Baniel, A. 2012. Kids Beyond Limits. Perigee: New York, NY.

Barker, K.L., Shamley, D.R., and Jackson, D. 2000. Changes in the cross-sectional area of multifidus and psoas in patients with unilateral back pain: The relationship to pain and disability. *Clinical Journal of Sport Medicine* 10 (4), 239–244.

Black, J. 2013. *Making the American Body*. University of Nebraska Press: Lincoln, NE.

Butler, D. and Moseley, L. 2013. *Explain Pain*. Noigroup Publications: Adelaide, Australia.

Calais-Germain, B. 2008. *No Risk Abs*. Healing Arts Press: Rochester, VT.

Calais-Germain, B. and Raison, B. 2010. *No Risk Pilates*. Healing Arts Press: Rochester, VT.

Chaitow, L., Bradley, D., and Gilbert, C. 2014. *Recognizing and Treating Breathing Disorders*, 2nd edn. Churchill Livingston: Edinburgh.

Chaitow, L., Findley, T.W., and Schleip, R. 2012. *Fascia Research III*. Kiener: Munich.

Clippinger, K. 2007. *Dance Anatomy and Kinesiology*. *Human Kinetics*: Champaign, IL.

Cohen, R. 2010. Introduction to Reflex Locomotion According to Vojta (Course handouts). Philadelphia, PA.

Davies, C. 2004. The *Trigger Point Therapy Workbook*, 2nd edn. New Harbinger Publications: Oakland, CA.

Eherer, A.J., Netolitzky, F., Hogenauer, C., Puschnig, G., Hinterleitner, T.A., Scheidl, S., Kraxner, W., Kreis, G.J., and Hoffmann, K.M. 2012. Positive effect of abdominal breathing exercise on gastroesophageal reflux disease: A randomized, controlled study. *American Journal of Gastroenterology* 107 (3), 372–378.

Eunyoung, K. and Lee, H. 2013. The effects of deep abdominal muscle strengthening exercises on respiratory function and lumbar stability. *Journal of Physical Therapy Science* 25, 663–665.

Gibbons, S. 2005. Assessment and rehabilitation of the stability function of the psoas major and the deep sacral gluteus maximus muscles. Kinetic Control: Ludlow, UK.

Gibbons, S.G.T. and Comerford, M.J. 2001a. Strength versus stability—Part 1: Concepts and terms. *Orthopaedic Division Review*, Mar/Apr, 21–27.

Gibbons, S.G.T. and Comerford, M.J. 2001b. Strength versus stability—Part 2: Limitations and benefits. *Orthopaedic Division Review*, Mar/Apr, 28–33.

Gibbons, S.G.T., Comerford, M.J., and Emerson, P.L. 2002. Rehabilitation of the stability function of psoas major. *Orthopaedic Division Review*, Jan/Feb, 9–16.

Gibbons, S.G.T., Mottram, S.L., Comerford, M.J., and Phty, B. 2001. Stability and movement dysfunction related to the elbow and forearm. *Orthopaedic Division Review*, Sep/Oct, 15–33.

Grimaldi, A., Richardson, C.A., Stanton, W.R., Durbridge, G.L., Donnelly, W.J., and Hides, J.A. 2009. The association between degenerative hip joint pathology and size of the gluteus medius, gluteus minimus and piriformis. *Manual Therapy* 14 (6), 605–610.

Guimberteau, J-C. 2012. *Skins, Scars, and Stiffness* [DVD]. Endo Vivo Productions: Pessac, France.

Hagins, M., Pietrek MD, M., Sheikhzadeh, A., Nordin, M., and Axen, K. 2004. The effects of breath control on intra-abdominal pressure during lifting tasks. *Spine* 29 (4), 464–469.

Hodges, P.W. and Gandevia, S.C. 2000. Changes in intraabdominal pressure during postural and respiratory activation of the human diaphragm. *Journal of Applied Physiology* 89 (3), 967–76.

Hodges, P.W., Heijnen, I., and Gandevia, S.C. 2001. Postural activity of the diaphragm is reduced in humans when respiratory demand increases. *Journal of Physiology* 537（3）, 999–1008.

Holubcova Z. 2013. Dynamic neuromuscular stabilization: Exercise strategies（Course handouts）. Chicago, IL.

Hu, H., Meijer, O.G., van Dieen, J.H., Hodges, P.W., Bruijn, S.M., Strijers, R.L., Prabath, W.B.N., van Royen, B.J., Wu, W.H., and Xia, C. 2011. Is the psoas a hip flexor in the active straight leg raise？ *European Spine Journal* 20（5）, 759–765.

Hulme, J.A. 2008. Beyond Kegels: *Bladder Health and the Pelvic* Muscle Force Field. The Prometheus Group: Chicago, IL.

Jacobs, J.V., Henry, S.M., Jones, S.L., Hitt, J.R., and Bunn, J.Y. 2011. A history of low back pain associates with altered electromyographic activation patterns in response to perturbations of standing balance. *Journal of Neurophysiology* 106（5）, 2506–2514.

Koch, L. 2012. *The Psoas Book*. Guinea Pig Publications: Felton, CA.

Kolář, P. et al. 2013. *Clinical Rehabilitation*. Kobesová Alena: Prague.

Kolář, P., Kobesová, A., and Holubcova, Z. 2009. Dynamic neuromuscular stabilization: A developmental kinesiology approach（Course handouts）. Rehabilitation Institute of Chicago: Chicago, IL.

Kolář, P., Holubcova, Z., Frank, C., Liebenson, C., and Kobesová, A. 2009. Exercise and the athlete: Reflexive, rudimentary and fundamental strategies（Course handouts）. International Society of Clinical Rehabilitation Specialists: Chicago, IL.

Lee, D. 2003. *The Thorax: An Integrated Approach*. 2nd edn. Diane G. Lee Physiotherapist Corp: White Rock, BC.

Lee, D. 2011. The Pelvic Girdle: *An Approach to the Examination and Treatment of the Lumbopelvic-hip Region*, 4th edn. Churchill Livingstone: Edinburgh.

Lee, D. and Lee, L.J. 2013. *Treating the Whole Person with The Integrated Systems Model*（Discover Physio Course handouts）. Vancouver, BC.

Massery, M. 2006. The patient with multi-system impairments affecting breathing mechanics and motor control. In: Frownfelter D. and Dean, E.（eds）, *Cardiovascular and Pulmonary Physical Therapy Evidence and Practice*, 4th edn. Mosby & Elsevier Health Sciences: St. Louis, MO, Chapter 39, 695–717.

Massery, M. 2009. If you can't breathe, you can't function— Integrating the pulmonary, neuromuscular, and musculoskeletal systems in pediatric populations（Course handouts）. Pathways Center: Glenview, IL.

Massery, M., Hagins, M., Stafford, R., Moerchen, V., and Hodges, P.W. 2013. The effect of airway control by glottal structures on postural stability. *Journal of Applied Physiology* 115（4）, 483–490.

Massey, P. 2009. *The Anatomy of Pilates*. Lotus Publishing: Nutbourne, UK.

McGill, S. 2004. *Ultimate Back Fitness and Performance*. Wabuno: Waterloo, ON.

McGill, S. 2007. *Low Back Disorders: Evidence-Based Prevention and Rehabilitation*, 2nd edn. Human Kinetics: Champaign, IL.

Muller, D. and Schliep, R. 2011. Fascial fitness: Fascia oriented training for bodywork and movement therapies. *IASI Yearbook* 2011. IASI: Raleigh, NC, 68–77.

Myers, T.W. 2011. Fascial fitness: Training in the neuromyofascial web. IDEA Fitness Journal, April.

Myers, T.W. 2014. *Anatomy Trains: Myofascial Meridians for Manual and Movement Therapists*, 3rd edn. Churchill Livingston: Edinburgh.

Nyggard, I.E., Thompson, F.L., Svengalis, S.L., and Albright, J.P. 1994. Urinary incontinence in elite nulliparous athletes. *Obstetrics and Gynecology* 84（2）, 183–187.

O'Dwyer, M. 2008. *My Pelvic Flaw*. Redsock Publishing: Buderim, Australia.

Osar, E. 2012. *Corrective Exercise Solutions to Common Hip and Shoulder Dysfunction*. Lotus

Publishing: Chichester, UK.

Osar, E. 2014. Integrative movement specialists certification (Course handouts). Chicago, IL.

Paoletti, S. 2006. The Fascia. Eastland Press Inc.: Seattle, WA.

Patel, A.V., Bernstein L., Deka, A., Feigelson, H.S., Campbell, P.T., Gapstur, S.M., Colditz, G.A., and Thun, M.J. 2010. Leisure time spent sitting in relation to total mortality in a prospective cohort of US adults. *American Journal of Epidemiology* 172 (4), 419 - 429.

Radebold, A., Cholewicki, J., Polzhofer, G.K., and Greene, H.S. 2001. Impaired postural control of the lumbar spine is associated with delayed muscle response times in patients with chronic idiopathic low back pain. *Spine* 26 (7), 724 - 730.

Richardson, C., Hides, J., and Hodges, P.W. 2004. Therapeutic Exercise for Lumbopelvic Stabilization: *A Motor Control Approach for the Treatment and Prevention of Low Back Pain*, 2nd edn. Churchill Livingstone: Edinburgh.

Sahrmann, S. 2002. *Diagnosis and Treatment of Movement Impairment Syndromes*. Mosby: St. Louis, MO.

Sapsford, R.R., Richard, C.A., Maher, C.F., and Hodges, P.W. 2008. Pelvic floor muscle activity in different sitting postures in continent and incontinent women. *Archives of Physical Medicine and Rehabilitation* 89 (9), 1741 - 1747.

Schleip, R. and Klingler, W. 2005. Active fascial contractility: Fascia is able to contract and relax in a smooth muscle-like manner and thereby influence biomechanical behavior. Department of Applied Physiology, Ulm University, Germany

Schleip, R., Klingler, W., and Lehmann-Horn, F. 2004a. Active contraction of the thoracolumbar fascia—Indications of a new factor in low back pain research with implications for manual therapy. *Proc. 5th Interdisciplinary World Congress on Low Back and Pelvic Pain*, Melbourne.

Schleip, R., Klingler, W., and Lehmann-Horn, F. 2004b. Active fascial contractility: Fascia may be able to contract in a smooth muscle-like manner and thereby influence musculoskeletal dynamics. *Medical Hypotheses* 65, 273 - 277.

Schleip, R., Klingler, W., and Lehmann-Horn, F. 2007. Fascia is able to contract in a smooth muscle-like manner and thereby influence musculoskeletal mechanics. *Proc. 5th World Congress of Biomechanics*, Munich.

Schleip, R., Findley, W.T., Chaitow, L., and Huijing, P.A. 2012. *Fascia*. Churchill Livingston Elsevier: New York.

Schleip, R., Naylor, I., Ursu, D., Melzer, W., Zorn, A., Wilke, H-J., Lehmann-Horn, F., and Klingler, W. 2006. Passive muscle stiffness may be influenced by active contractility of intramuscular connective tissue. *Medical Hypotheses* 66, 66 - 71.

Smith, M., Coppieters, M., and Hodges, P. 2005. Effect of experimentally induced low back pain on postural sway with breathing. *Experimental Brain Research* 166 (1), 109 - 117.

Umphred, D.A. 2007. *Neurological Rehabilitation*, 5th edn. Mosby Elsevier: St. Louis, MO.

Wetzler, G. 2014. The listening connection—Another step to "wow" (Discover Physio Course handouts). Vancouver, BC.